# Hermann Weinhauer

# Landser im Weltkrieg 15

Kampf um die Ewige Stadt – Deutsche Landser im Kampf gegen alliierte Streitkräfte und italienische Partisanen

## EK-2 Militär

# LANDSER IM WELTKRIEG

Jeder Band dieser Romanreihe erzählt eine fiktionale Geschichte, die vor dem Hintergrund realer Ereignisse und Schlachten im Zweiten Weltkrieg spielt. Im Zentrum der Geschichte steht das Schicksal deutscher Soldaten.

Wir lehnen Krieg und Gewalt ab. Kriege im Allgemeinen und der Zweite Weltkrieg im Besonderen haben unsägliches Leid über Millionen von Menschen gebracht.

Deutsche Soldaten beteiligten sich im Zweiten Weltkrieg an fürchterlichen Verbrechen. Deutsche Soldaten waren aber auch Opfer und Leittragende dieses Konfliktes. Längst nicht jeder ist als glühender Nationalsozialist und Anhänger des Hitler-Regimes in den Kampf gezogen – im Gegenteil hätten Millionen von Deutschen gerne auf die Entbehrungen, den Hunger, die Angst und die seelischen und körperlichen Wunden verzichtet. Sie wünschten sich ein »normales« Leben, einen zivilen Beruf, eine Familie, statt an den Kriegsfronten ums Überleben kämpfen zu müssen. Die Grenzerfahrung des Krieges war für die Erlebnisgeneration epochal und letztlich zog die Mehrheit ihre Motivation aus dem Glauben, durch ihren Einsatz Freunde, Familie und Heimat zu schützen.

Prof. Dr. Sönke Neitzel bescheinigt den deutschen Streitkräften in seinem Buch »Deutsche Krieger« einen bemerkenswerten Zusammenhalt, der bis zum Untergang 1945 weitgehend aufrechterhalten werden konnte. Anhänger des Regimes als auch politisch Indifferente und Gegner der NS-Politik wurden im Kampf zu Schicksalsgemeinschaften zusammengeschweißt.

Genau diese Schicksalsgemeinschaften nimmt »Landser im Weltkrieg« in den Blick.

Bei den Romanen aus dieser Reihe handelt es sich um gut recherchierte Werke der Unterhaltungsliteratur, mit denen wir uns der Lebenswirklichkeit des Landsers an der Front annähern. Auf diese Weise gelingt es uns hoffentlich, die Weltkriegsgeneration besser zu verstehen und aus ihren Fehlern, aber auch aus ihrer Erfahrung zu lernen.

Nun wünschen wir Ihnen viel Lesevergnügen mit dem vorliegenden Werk.

# Ihre Zufriedenheit ist unser Ziel!

Liebe Leser, liebe Leserinnen,

zunächst möchten wir uns herzlich bei Ihnen dafür bedanken, dass Sie dieses Buch erworben haben. Wir sind ein kleines Familienunternehmen aus Duisburg und freuen uns riesig über jeden einzelnen Verkauf!

Unser wichtigstes Anliegen ist es, Ihnen ein angenehmes Leseerlebnis zu bieten.

Damit uns dies gelingt, sind wir sehr an Ihrer Meinung interessiert. Haben Sie Anregungen für uns? Verbesserungsvorschläge? Kritik?

Schreiben Sie uns gerne: info@ek2-publishing.com

Nun wünschen wir Ihnen ein angenehmes Leseerlebnis!

*Heiko und Jill von EK-2 Militär*

# Kampf um die Ewige Stadt

# Kampf um die Ewige Stadt

Die Sonne brennt mit erbarmungsloser Glut vom Himmel herunter.

Der Himmel leuchtet in einem strahlenden Blau über der Ewigen Stadt.

Die dunklen Bänder der Straßen, die sich durch die Hauptstadt Italiens schlängeln, flimmern vor Hitze.

Die mittägliche Stille über Rom macht hörbar, wonach viele sich seit langem sehnen und wovor viele sich ebenso lange gefürchtet haben.

Von Süden her, vom Colli Albano, von der päpstlichen Sommerresidenz Castelgandolfo, dringt ein dumpfes, noch fernes Wummern und Dröhnen an das Ohr jedes aufmerksam Lauschenden.

Vom alliierten Landekopf Anzio-Nettuno her nähert sich der Krieg.

Besonders sensible Ohren vermeinen schon von der Via Appia und der Via Casilina her das quietschende Rattern von Panzerketten zu hören.

In einer Straße nicht weit vom Colosseum, der antiken Stätte der Zirkusspiele und Christenmorde, hält ein deutscher VW Kübelwagen.

Er ist schmutzig und staubbedeckt, aber das ist kaum zu sehen, denn der stumpfe Lack des Fahrzeuges hat ohnehin die gleiche Farbe.

Leutnant Sanders macht sich nicht erst die Mühe, die Tür des offenen Wagens aufzustoßen. Mit den Händen an der hochgeklappten Windschutzscheibe, schwingt er seine langen Beine nach draußen auf den breiten Bürgersteig.

Die Straße wirkt wie ausgestorben.

Der Leutnant zuckt zusammen, als seine Füße auf dem Bürgersteig aufkommen. Mit einem unterdrückten Fluch fasst er nach seinem linken

Knie. Nachdem er sich aufgerichtet hat, angelt er nach dem als Krücke genutzten Wolchow-Knüppel, der an die Wolchow-Kämpfe in Russland erinnert. Er hängt zwischen der Beifahrertür und der Windschutzscheibe in einer Halterung, die eigentlich für einen Karabiner bestimmt ist.

„Fahren Sie einstweilen zur Dienststelle des Militärbefehlshabers Rom", sagt er mit schmerzverzerrtem Gesicht zu seinem Fahrer. „Ich komme zu Fuß nach. Ist ja nicht mehr weit. Aber erst muss ich mal was Kaltes trinken."

Der Gefreite sieht den jungen Leutnant mit väterlichem Kopfschütteln an.

„Menschenskind!", sagt er sehr unmilitärisch. „Das ist doch viel zu gefährlich, Herr Leutnant. Sie können doch nicht allein in Rom herumspazieren!"

Der Leutnant hebt mit einer abwehrenden Bewegung den Knüppel.

„Ach, was", sagt er gleichgültig. „Mir tut schon keiner was. Warum denn auch?"

„Ich bitte Sie, Herr Leutnant. Sie kommen von der Ostfront. Sie kennen das hier nicht. In Russland die Partisanen…"

„Die waren so zahlreich wie die Läuse!", ergänzt Leutnant Sanders. „Aber nicht am helllichten Tage mitten in einer Großstadt und noch dazu in der Hauptstadt des christlichen Abendlandes, Verehrtester!"

„Du lieber Himmel!", sagt der Gefreite, dem der Leutnant sympathisch ist, obwohl er ihn heute Morgen erst kennengelernt hat. „Hier sind seit dem vergangenen Jahr schon die tollsten Sachen passiert, auch bei hellstem Sonnenschein!"

„Schon gut", sagt der Leutnant.

Er hebt noch einmal den Krückstock zum Gruß, dann humpelt er zu dem Ristorante, dessen Anblick ihn veranlasst hat, den Volkswagen anhalten zu lassen.

Er glaubt schon zu wissen, was der Fahrer meint. Sicher war seit dem vergangenen Jahr, nachdem der italienische Staatschef Mussolini auf Befehl des Königs verhaftet worden war und bald darauf Italien unter der Führung des Marschalls Badoglio dem bisherigen Bundesgenossen Deutschland den Krieg erklärt hatte, viel passiert. Aber zugleich war es auch so, dass diese Partisanen kaum gegen Deutsche kämpften. Sie brachten bisher meist italienische Faschisten um und bekämpften sich auch gegenseitig, weil jede Gruppe hoffte, nach dem Sieg der Alliierten selbst die Macht in Italien übernehmen zu können. Der Kampf gegen die deutsche Wehrmacht war dazu nicht notwendig, denn den führten die alliierten Truppen.

Leutnant Sanders lächelt noch leicht über die Besorgnis seines Fahrers, als er das Ristorante betritt, das er noch von einem Studienurlaub vor dem Krieg her kennt.

Nein, von Partisanen hat er nichts zu befürchten und schon gar nicht hier in Rom – glaubt er.

Doch wenn er gewusst hätte, was sich im Land und in der Stadt bereits abspielt, hätte es ihn wohl zu einer vorsichtigeren Lageeinschätzung bewogen.

Aber er ahnt von alldem nichts, als er aufatmend die glutheiße Straße verlässt und den schattigen, kühlen Raum des Ristorante betritt. Eine blaue Wolke aus Zigarettenrauch schlägt ihm entgegen.

Als der deutsche Leutnant die Tür hinter sich schließt und den ersten Schritt in den Raum hineingeht, verstummt mit einem Schlag das temperamentvolle Stimmengewirr, das eben noch den Raum beherrscht hatte.

Das plötzliche Schweigen wirkt so kühl wie die Temperatur in der kleinen Gaststätte.

Sanders entgeht die feindselige Stimmung nicht. Aber er lässt sich nichts anmerken und geht mit ruhigen Schritten bis zur Theke.

Der Wirt sieht ihn nicht an, als Sanders einen Campari Soda mit Eis bestellt.

„Uno momento, signore", murmelt er nur und widmet sich weiter seinen anderen Gästen.

Der eine Moment ist nun schon zu vollen fünf Minuten angewachsen, bis der Leutnant sich mit seiner Bestellung noch einmal meldet, da der italienische Wirt keine Anstalten macht, den fremden Gast zu bedienen.

Der Wirt sieht Leutnant Sanders mit hochgezogenen Augenbrauen an, als staune er darüber, dass plötzlich ein Fremder vor ihm steht. Er bedient erst noch zwei weitere Gäste, die weit nach Sanders bestellt hatten, bevor er dem Offizier endlich mit mürrischem Gesicht das gefüllte Glas über die Theke schiebt.

Sanders findet den geforderten Preis unverschämt hoch, aber er bezahlt sofort und ohne zu reklamieren. Im gleichen Augenblick wird die bisher nur geflüsterte Unterhaltung wieder so natürlich laut, wie sie vor dem Eintreten des Leutnants war.

Sanders tut so, als ob er die Flaschen im Regal hinter der Bar interessiert betrachtet. Die bunten Etiketten erinnern ihn daran, dass er als Junge etwas Ähnliches gesammelt hatte: Aufkleber von Streichholzschachteln, Zigarettenbilder. Er muss lächeln, als er daran denkt.

Jemandem scheint sein Lächeln jedoch sehr zu missfallen.

„Porcho bacco di nazi!", brüllt eine betrunkene Stimme von irgendwo aus dem rauchgeschwängerten Hintergrund.
Sanders versteht Italienisch. Es ist klar, dass nur er mit dem verdammten Nazischwein gemeint sein kann.

Aber er reagiert nicht. Sollen die Anwesenden ruhig glauben, dass er nichts von ihren Unterhaltungen verstehe.

Der Wirt sieht ihn unter gesenkten Lidern hervor an.

Sanders hat ihn gleich wiedererkannt. Es ist noch der gleiche Wirt wie damals in glücklicheren Zeiten.

„Ob er mich wohl auch wiedererkannt hat?", überlegt der junge Leutnant.

Immerhin war Sanders ja für ihn nur einer von vielen vielleicht tausend Touristen, die im Lauf der Jahre bei ihm zu Gast gewesen waren. Allerdings hatte der Student Hans Sanders auch zwei Wochen in einem der drei kleinen Gästezimmer über dem Ristorante gewohnt.

„He, Emilio! Gib dem Tedesco nichts mehr. Der soll gefälligst Bier saufen!", brüllt eine andere Stimme jetzt dem Wirt zu.

Die Menge grölt.

Sanders dreht sich um und lächelt die Gäste an, als hält er in Unkenntnis der Sprache das Ganze für einen freundlichen Witz. Danach sieht er den Wirt wieder an. Sein Lächeln wird dabei etwas härter.

„Buon giorno, signor Maletti."

Er spricht laut genug, dass auch andere Gäste ihn hören können und als es allmählich wieder still wird, spricht er weiter auf Italienisch.

„Das mit dem Bier ist eine gute Idee. Haben Sie welches, signore Maletti? Vor sechs Jahren hat es mir bei Ihnen ausgezeichnet geschmeckt, primissima!"

Emilio Maletti sieht ihn nun mit weitgeöffneten Augen an. Dann schimmert ein Hauch von Erinnerung in seinen Augen.

„Maledetto, oh, madonna mia! Signor – ähm, signor Sanders? Il studioso?"

„Si, si!", bestätigt Sanders.

Ein strahlendes Lächeln breitet sich über Malettis dickem Rotweingesicht aus. Es ist zu sehen, dass dieses Lächeln echt ist und von Herzen kommt. Die fleischige, kurze Hand knallt auf die Theke, so dass die Gläser klirren.

„Silencio, silencio!", schreit Maletti nun seine Gäste an, obwohl die schon längst still sind. „Il tedesco…", er blickt schnell auf die Schulterstücke, um den Rang Sanders festzustellen, „il tedesco tenente, der deutsche Leutnant ist ein guter Freund von mir, capito? Und er ist hier Gast genau wie ihr. Verstanden?"

Bevor noch irgendjemand zu dieser Erklärung Malettis Missfallen oder Zustimmung äußern kann, öffnet sich die Eingangstür zur Straße.

Leutnant Sanders und die anderen Gäste Emilio Malettis sehen im Türrahmen die Gestalt einer jungen Frau, die sich wie in einem Schattenspiel gegen das glühend heiße Sonnenlicht auf der Straße abhebt.

Die Tür schlägt wieder zu.

Für einen Moment ist die junge Frau vor der nun verschlossenen Tür nicht mehr zu sehen, so sehr hat das Straßenlicht die Gäste des Ristorante geblendet.

Der Frau scheint es in dem kühlen Schatten des Gastraumes ebenso zu gehen. Sie zögert eine ganze Weile, bis sie auf die Theke zugeht.

„Buon giorno, Emilio", sagt sie mit aufgeregter Stimme zum Wirt.

Sie atmet schwer.

Dann erst fällt ihr Blick auf die Uniform des Mannes, der neben ihr steht. Verblüfft tritt sie wieder einen Schritt zurück, als sie den deutschen Offizier erkennt. Sie scheint zutiefst erschrocken.

Doch dann hat sie sich wieder gefasst.

In der Annahme, der Deutsche würde sie sowieso nicht verstehen, sagt sie laut: „Ich werde verfolgt! Schnell, helft mir! Faschistische Milizen und deutsche Polizei!"

Die junge Frau starrt die Männer an. Doch niemand rührt sich. Eine lähmende Wand aus tödlicher Stille liegt zwischen ihr und den anderen Gästen.

Der Wirt erfasst die Situation als erster richtig. Er schiebt seinen dicken Bauch eilends um die Theke, fasst das Mädchen am Arm, zerrt sie durch den Raum zu einer Tür im Hintergrund.

Er reißt die Tür auf und schiebt die junge Frau hinaus auf den Hausflur.

„Schnell, die Treppe hinauf!", zischt er ihr noch zu.

Als auf der Straße vor dem Ristorante laute Stiefelschritte zu hören sind, steht er bereits wieder mit gleichgültigem Gesicht hinter der Theke.

Aber der Blick, mit dem er nun wieder unter den halbgeschlossenen Augenlidern hervor Leutnant Sanders mustert, ist misstrauischer geworden.

Sanders sieht ihm an, was er denkt.

Der Deutsche war hier vor Jahren ein lieber und netter Gast gewesen, aber jetzt ist Krieg. Der Student von damals ist nun Offizier. Was würde er nun tun?

Sanders hebt seinen Wolchow-Knüppel und legt ihn quer vor sich auf die Theke. Diese Geste ist mehr als zweideutig. Sie kann ebenso gut als Bereitschaft gegen einen Angriff der italienischen Gäste wie als Bereitschaft zur Neutralität gedeutet werden.

Wieder fällt ein dicker Balken glühend goldenen Sonnenlichtes in den Raum.

Schwarze und graue Stahlhelme, Läufe von Maschinenpistolen und Gewehrläufe schimmern matt im hellen Schein des Tages von der Tür her – Macht verkörpernd und tödlich drohend.

Der Führer der Streife aus faschistischer Miliz und deutscher Polizei ist ein Hauptwachtmeister der deutschen Ordnungspolizei. Der silberne Hoheitsadler im silbernen Eichenlauboval am linken Ärmel glänzt hell auf, als er sich bewegt.

„Alles bleibt auf den Plätzen!", befiehlt er in mühsamem Italienisch.

„Wer sich bewegt, wird erschossen!"

Dann fällt sein Blick auf den deutschen Offizier an der Theke. Er hebt den rechten Arm.

„Heil, Herr Leutnant!"

Er zieht die Augenbrauen verwundert hoch.

„Was machen Sie denn hier?"

Leutnant Sanders hebt uninteressiert die Schultern.

„Campari trinken. Ich habe Durst."

Der Hauptwachtmeister macht eine befehlende Handbewegung.

Die zu seiner Streife gehörenden beiden anderen deutschen Polizisten und die drei faschistischen Milizionäre verteilen sich an der Wand links und rechts von der Eingangstür.

„Darf ich um Ihr Soldbuch bitten und um Ihren Marschbefehl, Herr Leutnant?", fragt der Ordnungspolizist in strengem Ton.

„Bitte, selbstverständlich", meint Sanders. Er weiß, dass in Rom nicht nur Feldgendarmerie,

Geheime Feldpolizei oder Offiziersstreifen der deutschen Wehrmacht das Recht haben, deutsche Soldaten und Offiziere zu kontrollieren, sondern auch die Polizei. Die italienische Hauptstadt ist verbotenes Gebiet für deutsche Soldaten, da die deutsche Führung über das Internationale Rote Kreuz bemüht ist, Rom zur offenen Stadt erklären zu lassen.

Um alliierten Generalen und Politikern entgegenzutreten, die Europas alte Kulturstädte verächtlich als postcard plunder bezeichnen, dürfen deutsche Soldaten Rom, die Hauptstadt der Christen, nur aus besonders wichtigen Gründen betreten, die aber nichts mit ihrem unmittelbaren militärischen Einsatz zu tun haben dürfen.

Die Papiere des Leutnants rascheln in den Händen des Hauptwachtmeisters. Mit geübter Geschwindigkeit blättern die Finger des Polizisten, gleiten seine Augen über die Seiten.

Als er den Marschplan überfliegt, in dem zu lesen ist, dass Leutnant Hans Sanders zu einer Nachuntersuchung seiner schweren Beinverletzung in das Hauptlazarett von Rom befohlen ist, hebt er den Blick. Er mustert die Auszeichnungen, sieht den Wolchow-Knüppel, der noch auf der Theke liegt. Dann reicht er die Papiere zurück.

Er nimmt Haltung an.

„Danke, Herr Leutnant!"

Der Hauptwachtmeister zögert einen Augenblick.

Dann setzt er hinzu: „Sie sollten sich lieber nicht allein in ein Ristorante wagen!"

Seine Stimme wird etwas leiser, so dass ihn nur der Leutnant verstehen kann.

„Die Front soll schon zusammengebrochen sein. Angeblich stehen die Amis mit ihren Panzern schon zehn Kilometer vor dem südlichen Stadtrand. Wird nicht lange dauern, dann ist hier in Rom die Hölle los – Partisanen, Sie verstehen? Also Vorsicht, wenn Ihnen Ihr Leben lieb ist."

Er hebt wieder die rechte Hand, grüßt und wendet sich ab.

Was der Ordnungspolizist andeutet, ist tatsächlich bittere Realität. Der deutsche Widerstand vor der Ewigen Stadt ist schwach, beinahe nicht vorhanden. Denn die deutsche Führung hat sich bereits dazu entschieden, Rom kampflos zu räumen.

Umso heftiger wird jedoch ostwärts der italienischen Hauptstadt gekämpft, um den zurückgehenden deutschen Truppen den Marsch bis zu den vorbereiteten Auffangstellungen zu ermöglichen.

Auch Oberleutnant Moldenmann, ein erfahrener Panzersoldat, befindet sich mit seinen Kampfwagen auf dem Rückmarsch. Der Oberleutnant steht im Turm und hebt das Zeiss-Glas an die Augen.

Die beiden Kreise, die von der Optik des Glases aus dem Ufer des Flusses herausgeschnitten werden, glänzen in der Sonne. Die schwankende Pontonbrücke direkt vor den Zeisslinsen schwankt und knarrt in den kurzen Wellen, die gegen sie schlagen.

Der Bohlenbelag der auf- und abwogenden Brücke glänzt vor nassem, schmierigem Dreck, den die Lastkraftwagenkolonnen dort hinterlassen haben, als sie vor fast zwei Stunden als letzte deutsche Einheit das andere Ufer erreicht haben. Zumindest haben die Landser und ihre Offiziere geglaubt, die letzten Deutschen hier zu sein.

Oberleutnant Moldenmann setzt das Glas ab. Er wundert sich, dass die Pontonbrücke noch existiert. So viel Glück hat er gar nicht erwartet. Er stützt sich mit beiden Armen auf den Kranz des

Turmluks seines Tiger-Panzers und gähnt laut und herzhaft. Noch nie in seinem Leben, so meint Klaus Moldenmann, war er so entsetzlich müde wie jetzt gerade.

In diesem äußersten Stadium der Müdigkeit kommt er sich vor, als sei er völlig ausgedörrt und ausgehungert. Der Staub, den er schon seit Stunden durch Mund und Nase einatmet, verklebt ihm den Rachen und hat seiner Zunge das Gefühl verschafft, als sei sie ein Kilo schwerer, dick geschwollener Sandstein.

Mit mühsamer Geste hebt Oberleutnant Moldenmann noch einmal das Glas vor die Augen. Die kreisrunden Ausschnitte der Brücke und des gegenüberliegenden Ufers flimmern für einen Moment vor seinen Augen. Er weiß, dass das nicht an der drückenden Hitze liegt, die die Luft zum Flimmern bringt, sondern an seiner eigenen Ermüdung. Es hat keinen Sinn, die Arme auf den Turmkranz aufzustützen. Das Bild wackelt nur noch mehr, weil seine Arme vor Erschöpfung zittern.

Als er die Hände mit dem Glas frei an die Augen nimmt, geht es besser – der Kopf zittert im gleichen Rhythmus, das Bild wird etwas klarer. Und nun sieht Moldenmann auch, weshalb die Pontonbrücke nicht zerstört ist, wie er eigentlich fest angenommen hatte.

An der rechten Seite sind zwei kreisrunde Stücke aus den Belagbohlen herausgebrochen und die darunter befindlichen Pontonkörper hängen rechts deutlich tiefer in das Wasser als die anderen. Und auf beiden Seiten des anderen Ufers, rechts und links von der Brückenauffahrt, sieht Moldenmann tiefe Trichter. Er erkennt, dass es sich dabei um Einschläge von kleineren Fliegerbomben handelt und nicht um Granattrichter.

Also war die deutsche Einheit, die vor ihm und seinen Panzern die Brücke als letzte passiert hat, während des Übergangs von feindlichen Jagdbombern angegriffen worden. Entweder sind die Kameraden in berechtigtem Entsetzen getürmt – froh, die gefährliche Stelle hinter sich zu haben – oder ein Kommandeur hat dem eigenen Sprengtrupp befohlen, sich in Sicherheit zu bringen, weil der Gegner anscheinend selbst dabei war, den Übergang zu zerstören.

Rücksicht auf nachfolgende Einheiten hat die Kameraden jedenfalls nicht an der Zerstörung der Brücke gehindert. Dass Moldenmann mit seinen vier Tiger-Panzern noch kommen würde, hat auch niemand wissen können.

Der Oberleutnant setzt das Glas wieder ab und spricht in das Kehlkopfmikrophon.

Der 700 PS starke Maybach-Motor des Panzerkampfwagens VI brummt laut auf. Die Laufrollen zu beiden Seiten des Panzers beginnen sich zu drehen und das Stahlungetüm über die breiten Gleisketten nach vorn zu ziehen.

Hinter dem Panzer des Oberleutnants gleiten noch drei andere Tiger aus den Büschen des südlichen Flussufers auf die Pontonbrücke zu.

Das dumpfe Bersten von Artilleriegranaten, das heisere Bellen von Maschinengewehren und das Peitschen einzelner Gewehrschüsse, das bisher in verworrener Vielfalt zu hören war, geht jetzt im Panzerlärm unter.

Moldenmann betrachtet aus zusammengekniffenen Augen misstrauisch den strahlendblauen Himmel. Im Moment ist er leer, kein Feindflugzeug ist zu sehen. Aber das hat nicht viel zu heißen. Hinter den Bergkuppen, hinter den Biegungen des Flusses können jederzeit feindliche Maschinen auftauchen und blitzschnell zuschlagen.

Oberleutnant Moldenmann entsichert das Flugabwehrmaschinengewehr, das vor ihm auf der Kreuzlafette befestigt ist, die außerhalb des Luks rund um den Turm verläuft.

Fliegerabwehr ist die unangenehme Aufgabe des Kommandanten, der als einziger der Besatzung vom Turm aus die Übersicht über den Luftraum hat.

Moldenmann gibt durch das Kehlkopfmikrophon noch einmal einen Befehl nach unten in den Kampfraum.

Der Richtschütze unter ihm zieht einen Hebel herunter. Der klotzige Verschluss der 8,8-cm-Kampfwagenkanone klappt auf. Der Ladeschütze nimmt eine Granate mit gelbem Ring aus der Halterung und schiebt sie in das Rohr.

Der Verschluss rastet klickend ein.

Die Feder hinter dem Schlagbolzen spannt sich. Als der Tiger über den ersten Ponton rumpelt, der ächzend hin und her schaukelt, ist der Panzer kampfbereit.

Im gleichen Augenblick sieht der Oberleutnant von seinem leicht schwankenden Turm die amerikanische Lightning. Sie kurvt über den Bäumen von rechts den Fluss entlang. Sie braust über ihn hinweg und steigt steil in den Himmel empor.

Danach kommt sie in steilem Sturzflug aus dem hellen Blau auf ihn zugeschossen. Und eine weitere Lightning kommt ebenfalls von rechts und danach noch eine.

Moldenmanns Tiger ist noch nicht auf der Mitte der Brücke, als eine panzerbrechende Rakete wenige Meter vor ihm in den Brückenbelag schlägt.

„Gott sei Dank kein Sprenggeschoss. Das wäre für die Brücke schlimmer gewesen!", denkt sich der Panzeroffizier.

Doch dann sieht er, dass sein Optimismus verfrüht war. Während er in ohnmächtiger Wut hinter dem Gabelschwanzteufel her sieht und ihm einige Salven nachschickt, spürt er schon, dass sein Panzer verloren ist.

Die Rakete hat nur ein kleines Loch in die Balken gerissen, aber zugleich auch in den Pontonkörper darunter. Es ist die gleiche Stelle, deren Beschädigung Moldenmann schon vom Ufer aus gesehen hat.

Verzweifelt brüllt er in das Mikrophon: „Stopp!"

Aber es ist bereits zu spät. Der schwere Kampfwagen rutscht zur Seite, zwei oder drei Pontons sind bereits durchlöchert und tragen nun die schwere Last nicht mehr.

Die zweite Lightning stößt herunter. Wieder fährt eine Rakete in die Brücke. Einige Stücke des Belags wirbeln durch die Luft, klatschen aufs Wasser und fliegen Moldenmann um die Ohren. Ein Regen aus Schlamm und Steinen prasselt gegen den Panzerkampfwagen.

Die Brücke berstet in der Mitte auseinander. Sie reißt entzwei wie ein überdehntes Gummiband.

Der Panzer rutscht in grotesker Schräglage trotz der nun gebremsten Ketten nach vorn auf die Lücke zu.

„Raus! Aussteigen!", schreit der Panzerkommandant.

Er sieht, wie die Brücke vor ihm immer mehr unter Wasser verschwindet, während der andere unbelastete Teil wie ein riesiges Uhrenpendel in der Strömung hin und her schwingt.

Der Panzer kippt immer mehr nach links vorn. Die Männer der Besatzung zwängen sich eilig durch die Luken ins Freie.

Oberleutnant Moldenmann sitzt noch auf dem Turmkranz, als der Tiger mit gewaltigem Gurgeln im Wasser versinkt.

Zwei, drei große Luftblasen brodeln nach oben. In einer davon taucht Moldenmann wieder auf. Er versucht vergeblich, die schwere Uniformjacke loszuwerden. Der Offizier schafft es nicht einmal, das Koppel mit der Pistole zu lösen. Er braucht beide Arme und Hände, um sich mit Schwimmbewegungen über Wasser zu halten.

Moldenmann sieht, dass sich die restlichen vier Männer seiner Besatzung an die Überreste der Brücke klammern und in einem Strudel von Balken und Pontonkörpern abgetrieben werden.

Über ihm fahren Rauchgeschosse in den blauen Himmel hinauf. Die anderen drei Tiger, die noch am Flussufer stehen, feuern auf die P-38. Es sind vier Lightnings, die jetzt in einer Kette hintereinander herabgestürzt kommen.

Der Oberleutnant sieht, wie das Wasser um ihn herum von den Einschlägen der Bordwaffen aufspritzt. In einem Moment panischer Angst will er wegtauchen. Aber dann behält die Vernunft die Oberhand. Die Explosivgeschosse wirken unter Wasser noch verheerender. Vor allem aber würde er kaum je wieder nach oben kommen, wenn er mit seiner schweren Kleidung erst einmal unter Wasser ist.

Eine Serie von Zwozentimetergranaten prasselt und trommelt mit zerschmetternder Wucht in die abtreibenden Brückenteile. Moldenmann hört Schreie, sieht, wie die Männer plötzlich verschwunden sind – sieht, dass der Wasserschwall vor ihm sich blutrot verfärbt.

Hinter ihm flammt ein greller Blitz auf. Mit Donnergetöse wird einer der tonnenschweren Panzer auseinandergerissen.

Irgendwo klatscht etwas Riesiges ins Wasser – der Turm samt Kanone des Tigers.

Oberleutnant Moldenmann schlägt wild mit den Armen und Beinen um sich, den Sog des strudelnden Wassers abwehrend.

Ein Feuerball erscheint am Himmel, Flugzeugteile regnen herab. Die beiden Panzer am Südufer feuern unentwegt weiter und haben tatsächlich eine der Lightnings erwischen können.

Dies ist das letzte, was Oberleutnant Moldenmann noch bewusst wahrnimmt. Dann hebt ihn irgendetwas hoch, eine riesige Faust presst ihm die Luft aus den Lungen und die Welt versinkt in einem grauen, nassen Wirbel.

Auf dem Buffet stehen wie zu einer Parade ausgerichtet die Flaschen mit weißem Cinzano, rotgold funkelndem Hennessy, rauchfarbenem Beute-Whisky, perlendem Champagner. Weißgekleidete Ordonanzen tragen auf Silbertabletts kaltes Huhn mit Ananas, geräucherte Salami und Hummer-Mayonnaise auf.

Leutnant Sanders schluckt. Er kommt sich vor wie in einer Filmkulisse.

Träumt er?

„Das kann doch nicht wahr sein!", denkt er.

Er sieht sich staunend im Ärzte- und Offizierskasino des Hauptlazaretts um, das, weiß Gott, eine andere Welt als die vor Dreck und Blut starrende Front im Osten ist.

Ein junger Unterarzt bemerkt den Leutnant und winkt ihn neben sich auf einen freien Stuhl an der weiß gedeckten Tafel.

„Kommen Sie, setzen Sie sich. Sind Sie neu hier?"

Als Sanders nur stumm nickt, während er Platz nimmt, sieht der Unterarzt ihn prüfend an.

„Na, machen Sie nicht so ein dummes Gesicht! Glauben Sie vielleicht, wir leben hier jeden Tag so? Aber spätestens morgen hauen wir hier ab. Sollen wir die herrlichen Sachen vielleicht den Amis überlassen?", meint der Mann dann schon etwas bestimmender zu Sanders.

Dieser greift nun ebenfalls zu.

„Na, also. Sie kennen ja das schöne neue Sprichwort: Genieße den Krieg, denn der Frieden wird schrecklich sein!"

„Trotzdem...", meint Sanders zögernd, „wenn ich mir vorstelle, dass in diesem Augenblick überall Landser elendig sterben, während wir..."

„Sie spinnen, Verehrtester! Greifen Sie zu, sonst haben Sie das Nachsehen!"

Eine scharfe Stimme vom Ende der Tafel unterbricht die beiden: „Meine Herren! Ich darf die Herren Offiziere nochmals an die Einsatzbesprechung in einer halben Stunde erinnern!"

„Na, bitte, wenn ich das schon höre – Einsatzbesprechung! Und das in einem Lazarett! Dann ist der Endsieg wirklich ganz nahe – bei den anderen nämlich!", murmelt der Unterarzt undeutlich mit vollem Mund.

Auch Sanders nimmt an der Einsatzbesprechung teil. Der Oberfeldarzt, der sein Bein flüchtig untersucht hat, hat ihn schon vor dem kulinarischen Mittagsmahl auf diese Besprechung aufmerksam gemacht und ihm angeraten, sie zu besuchen.

„Ich kann hier sowieso nicht allzu viel für Sie tun, mein lieber Sanders", meinte der Arzt.

„Wir verlegen ja eh bald und können uns nur um die Schwerverwundeten kümmern. Dann hängen Sie in der Luft. Sehen Sie zu, dass Sie bei der Besprechung irgendwie Anschluss bekommen, um aus dem Schlamassel rauszukommen!"

Ein älterer Stabsoffizier erläutert die Lage. In der Hauptsache geht es darum, dass die Offiziere, die selbst als Verwundete im Hauptlazarett gelegen haben und nun halbwegs wieder auf den Beinen sind, sich um Abmarsch und Rückführung der Leichtverwundeten kümmern sollen. Einem nach dem anderen werden Krankensäle und Reviere zugeteilt, für die er jeweils verantwortlich ist.

Leutnant Sanders ist einer der wenigen, die gegen Ende der Besprechung noch übrig sind. Der grauhaarige Oberstleutnant starrt bedrückt und missmutig auf eine Meldung, die man ihm eben gebracht hat. Dann fällt sein Blick auf den ihm unbekannten Leutnant.

„Sie haben aber nicht lange hier gelegen, oder?"

„Gar nicht, Herr Oberstleutnant. Ich sollte zu einer Nachuntersuchung…"

„Na, prima, primissima. Dann sind Sie genau der richtige Mann!"

Der Stabsoffizier winkt Sanders zu dem provisorischen Kartentisch heran.

„Hier sehen Sie…"

Sanders Augen folgen dem schmalen Zeigefinger über die Karte.

„Hier liegt das Lazarett, ein Stück hinter Palombara. Leicht zu finden. Angeblich treibt sich dort eine stärkere Einheit italienischer Partisanen herum, die das Lazarett erobern wollen, um den Alliierten einen neuen glorreichen Sieg vermelden zu können. Ich glaube es zwar nicht, aber fahren Sie mal mit einigen Leuten hin zur Untersuchung. Falls doch…"

Dem Leutnant liegt auf der Zunge zu sagen, dass er nur zur gründlichen Untersuchung wegen hier ist und anschließend in einem italienischen Kurort vier Wochen Genesungsurlaub verbringen sollte.

Von Fronteinsatz war nicht die Rede gewesen.

Stattdessen fragt er den Stabsoffizier: „Wie fahren und mit welchen Leuten?"

Ein Hauptmann, der hinter dem Oberstleutnant steht, lächelt. Sanders scheint es eher ein spöttisches Grinsen zu sein.

„Sie bekommen die Lazarett-Diensttuer – die Magenkranken, die alten Familienväter, die, die wir trotz Ausheilung nicht wieder an die Front geschickt haben. Außerdem können Sie unseren Verpflegungslastkraftwagen haben und ein paar Waffen werden wir wohl auch noch zusammenkratzen können!", meint der Hauptmann.

Sanders starrt auf die Karte.

„Hm, südostwärts die Staatsstraße Fünf bis Aque Albule und dann über Guidónia nordostwärts in die Sabiner Berge nach Palombara. Oder auf die Staatsstraße Fünf bis Tivoli und dann erst nordwärts", überlegt der Leutnant seine Optionen.

„Ihre Männer bekommen Sie bei der Zentralverwaltung unten an der Via Appia. Warten Sie kurz, wir melden Sie gleich telefonisch an."

Die Sonne brennt noch immer, als Leutnant Sanders die Straße betritt.

„An der Via Appia", denkt er und muss lächeln, weil er sich an diese berühmte Straße in einem bestimmten Zusammenhang erinnert.

Er war das erste Mal in Rom gewesen, bewaffnet mit Reisebeschreibungen und Reiseführern – darunter natürlich der Baedeker. Der Text hat sich in seinem Gedächtnis unauslöschlich eingeprägt: Die Via Appia, die 312 v. Chr. vom Censor Appius Claudius Caecus angelegte ‚Königin der Straße' führte über Terracina nach Capua, von wo sie später bis Brindisi verlängert wurde…

Dann folgte die Beschreibung einzelner Bauwerke und mit ihr der Grund, weshalb sich der nun in einer deutschen Offiziersuniform steckende Romanist Hans Sanders schmunzelnd an seine ersten Schritte auf der historischen Straße erinnert: …das Grabmal des Caecilia Metella, die bekannteste Ruine der Campagne, ein Rundbau von 20 Metern Durchmesser, auf viereckiger Basis, mit Tervertin verkleidet, die Inschrift einer Marmortafel lautet: Caecilia Q. Cretici (Filiae) Metellae Crassi – Tochter des Metellus Cretius, Schwiegertochter des Triumvirn Crassus. Das Innere enthält die Grabkammer.

Ein drohendes Wummern am bleisilbernen Himmel lässt das Schmunzeln vom Gesicht des jungen Leutnants verschwinden. Es bedarf nicht den Blick in den Himmel über der Ewigen Stadt und die unzähligen Kondensstreifen in der eiskalten Luft von über 8.000 Meter, erzeugt von den Bomberpulks der Alliierten, um Sanders wieder in die Wirklichkeit zurückzuholen.

Schon der Abschied aus Emilio Malettis Ristorante heute Mittag hatte genügt, um dem Studenten Sanders zu zeigen, dass nicht nur er inzwischen Soldat geworden ist, sondern dass sich auch sonst alles verändert hat.

Das Erscheinen der deutsch-italienischen Streife in Malettis kleinem Lokal hat genügt, um die fast brüderliche Stimmung gegenüber dem Deutschen, der die flüchtende junge Frau nicht verraten hatte und außerdem ein alter Freund von Emilio war, wieder in Hass umschlagen zu lassen.

Maletti selbst hatte seinen alten Gast mit zwingendem Blick zum Verschwinden aufgefordert. Das verstohlene, entschuldigende Schulterzucken hat an der Tatsache nichts geändert, dass Deutsche jetzt und in diesem Augenblick in Rom unbeliebt sind. Auch wenn sie sich als wahre Menschen zeigen, wie eben der frühere Student Hans Sanders. Jetzt ist er Nazi-Offizier – ein Feind – Basta!

Der Leutnant bleibt unvermittelt stehen. Wütend schlägt er die rechte Hand nach unten. Der in den heißen, feuchten Moskito-Tagen in Russland geschnitzte und mit kunstvollen Brandmustern versehene Wolchow-Knüppel bohrt ein tiefes Loch in den von der Sonnenhitze aufgeweichten Asphalt.

Die deutsche 10. und 14. Armee befinden sich in einem immer stürmischeren Rückzug. Das Ende dieser Bewegung ist mit zunehmender Geschwindigkeit nicht mehr zu berechnen.

Am 1. Juli hat die 14. Armee Valmontone aufgeben müssen und musste über den Tiber ausweichen. Rom liegt damit offen vor den Alliierten. Die 10. Armee aber steht noch weitgestaffelt südostwärts im Raum der Sabiner Berge. Ganz deutlich zeichnet sich die Gefahr ab, dass die Alliierten sich zwischen die 10. Armee und die 14. Armee drängen und danach die 10. Armee abschneiden. Die große Straße nach Rom befindet sich bereits in Feindeshand.

Tatsächlich ist am 4. Juli die Verbindung zwischen den beiden deutschen Armeen unterbrochen. Nur mit Mühe kann eine eilige Umgruppierung bei der 10. Armee verhindern, dass die britischen Divisionen durch eine kräftige Weiterführung des Angriffsstoßes die Armee schon in diesem Moment einkesseln. Sperrverbände halten die Engländer in Rieti und Terni auf. Doch nur für kurze Zeit werden diese Verbände dem Druck der weit überlegenen Gegner standhalten können.

Das Oberkommando der Wehrmacht setzt eilends die ihm zur Verfügung stehenden Reserven in Marsch, aber bis zu ihrem Eintreffen könnte schon alles verloren sein.

Außerdem aber sind diese Einheiten nicht die kampfstärksten – eine eben erst aufgestellte Luftwaffen-Felddivision, die sich dann jedoch sehr tapfer schlagen wird, doch deren Männer nicht die geringste Erfahrung im Infanterieeinsatz vorzuweisen haben – und eine aus Freiwilligen zusammengestellte russische Turk-Division, deren Angehörige nicht im fremden Italien, sondern in ihrer Heimat gegen den Bolschewismus kämpfen wollen.

Dieser schwachen Streitmacht der deutschen 10. Armee stehen Einheiten aus nahezu aller Welt gegenüber: amerikanische und britische Armeen, französische und polnische Divisionen, eine jüdische Brigade, Neuseeländer, Australier, Inder, Marokkaner, Zulus, Südafrikaner, Kanadier und erstmals formieren sich im Rücken der Deutschen auch italienische Partisanenverbände, die eine gewisse militärische Kampfkraft besitzen und nicht mehr nur als Banden angesehen werden können.

Leutnant Sanders besieht sich seinen seltsamen Haufen. Seine Laune ist alles andere als gut. Vor ihm stehen lauter ältere oder kranke Männer – Familienväter. Kaum einer von ihnen kann Fronterfahrung vorweisen, bis auf einen Feldwebel und einen Unteroffizier.

Sanders hat die Männer nach ihren Namen gefragt, aber natürlich hat er kaum einen davon behalten.

Der Gefreite Kowalski ist ihm seiner Sprache wegen im Gedächtnis geblieben. Er ist Oberschlesier aus Kattowitz. Dann ist da noch der Obergefreite Biermann. Er war vor dem Krieg schon Ober, nämlich Oberkellner. Er hatte früher in italienischen Hotels gearbeitet und beherrscht daher sehr gut die italienische Sprache. Der Gefreite Lipschitz, klein, Hornbrille, dem Aussehen nach ein Gelehrter, ist unbeholfen und etwas weltfremd.

Der Unteroffizier heißt Kramer, der Feldwebel Koch. Beide waren in Russland gewesen.

Der Leutnant hat den Männern hier hinter Palomara soeben erläutert, was sie vorhaben. Sie nähern sich nun dem hügeligen Gelände, in dem das Lazarett liegen muss und Sanders ist vorsorglich erst einmal in einen Nebenweg eingebogen, um die Einsatzbesprechung in guter Deckung durchführen zu können.

„Also los", meint er recht unmilitärisch und winkt mit der Hand zum bisherigen Versorgungs-Lkw.

Die Männer klettern wieder auf die offene Ladefläche und sind ebenso missmutig wie der Offizier.

Leutnant Sanders reckt die rechte Faust nach oben.

„Los!"

Der Opel Blitz fährt ächzend an, quält sich rumpelnd und quietschend über den schmalen Feldweg.

Felder, Büsche und Bäume zu beiden Seiten des Weges geben dem Wagen Deckung gegenüber Feindsicht. Der Fahrer holt aus dem alten Kasten heraus, was an Leistung noch möglich ist. Er fühlt sich hinter dem Steuer überhaupt nicht wohl. Trotz der Büsche an den Wegseiten kommt er sich vor wie auf dem Präsentierteller. Wenn irgendwo Partisanen sitzen würden, dann würde er als Fahrer das erste Ziel für einen gezielten Schuss sein. Der Fahrer versucht, nicht an diesen Umstand zu denken, aber die Furcht lässt sich nicht abschütteln.

Mit angespannten Sinnen sitzt Leutnant Sanders auf dem Beifahrersitz. Er hat schon entschieden, was weiter zu tun sei.

Wenn die Hauptstraße erreicht ist, fahren zehn Mann mit dem Opel weiter. Die anderen werden sich durch die feindlichen Stellungen durchschleichen müssen – oder gegebenenfalls durchschießen müssen.

Die Straße ist leer, als der Lastkraftwagen den Feldweg endlich verlässt. Kein Mensch und kein Fahrzeug weit und breit. Der schwarze Asphalt glänzt in der Sonne und erscheint in der Entfernung wie ein blinkender Spiegel. Irgendwo in der Ferne wummern am blauen Himmel die Motoren eines Bomberverbandes.

Der Leutnant befiehlt dem Fahrer zu halten. Die meisten Landser klettern von der Ladefläche und springen in den Straßengraben. Sie alle sind sich bewusst, dass es nun ernst wird, dass es von ihnen selbst abhängt, ob sie durchkommen und Erfolg haben werden.

Der Lastwagen mit den zehn anderen fährt wieder an. Gleichzeitig marschieren die Männer im Straßengraben geduckt vorwärts. Sanders geht voran und bestimmt somit das Tempo. Er wundert sich selbst, dass er keine Schmerzen in seinem zerschossenen Knie verspürt. Aber der Schweiß läuft ihm in Strömen über den ganzen Körper und der Krückstock in seiner Hand scheint ihm unerträglich schwer, als wäre er eine massive Eisenstange. Hinter sich hört er den keuchenden Atem seiner Männer.

In diesem Augenblick fällt vorn ein einzelner Schuss. Gleich darauf zwitschert der Feuerstoß einer Maschinenpistole. Als die Mpi verstummt, krepiert mit blechernem Krach eine Handgranate.

Leutnant Hans Sanders befiehlt seinen Männern mit einer Armbewegung sich hinzuwerfen. Die Landser vor ihm auf dem Lkw haben keine Handgranaten. Das müssen dann folglich Gegner – italienische Partisanen – gewesen sein.

Der Lärm ist mit der Handgranatendetonation verstummt.

Sanders schwingt seinen Wolchow-Knüppel in die Höhe.

„Auf, Männer! Vorwärts!"

Wie ein Säbel in längst vergangener Zeit, ragt der Stock des Offiziers vor den weiterhastenden Soldaten in die Luft. Mühsam und doch schnell hastet Sanders voran und er wundert sich noch immer, weshalb er keine Schmerzen verspürt.

Rechts kommt ein kleines Pinienwäldchen in Sicht. Eine winkende Gestalt steht dort. Die ersten von Sanders Landsern bleiben stehen. Dann ist auch der Leutnant heran.

Die winkende Gestalt ist ein deutscher Landser – ohne Kopfbedeckung, ohne Koppelzeug.

„Gott sei Dank, Herr Leutnant! Rom hat angerufen, dass Sie kommen und uns rausholen. Jetzt ist die Telefonverbindung unterbrochen. Kommen Sie schnell hier durch! Die Leute vom Lkw sind schon durch. Ihr Wagen brennt!"

Sanders sieht vor sich einen Flammenschein und eine schwarze Rauchwolke. Dann hastet er mit seinen Männern hinter dem Landser her.

Oberleutnant Moldenmann weiß nicht, ob er noch unter den Lebenden weilt oder ob er sich schon im Reich der Toten befindet. Er weiß nur mit Sicherheit, dass ihn eine wohlige Müdigkeit umgibt, von der er hofft, dass sie bleibt. Wenn dieser wunderbare, von aller Erdenschwere gelöste

Schwebezustand der Tod ist, weshalb hatte er sich je vor ihm gefürchtet?

Aber es dauert nicht lange, bis er merkt, dass er nicht im Himmel, nicht im Paradies, sondern noch in der schmutzigen, blutbesudelten und schmerzerfüllten Welt ist, in der der Krieg alles beherrscht.

Als er den Kopf nach links wendet, wird ihm mit langsam wachsender Gewissheit klar, dass er nicht auf einer Wolke, sondern in einem weißen Bett liegt.

Dort, wo ein Stöhnen aufklingt, ist ebenfalls ein Bett. Der Panzeroffizier denkt erst, das Bett sei leer. Aber dann sieht er, dass das, was er für ein Kopfkissen hält, ein schneeweißer Kopfverband ist. Aus einem runden Loch in der Mitte dieser weißen Kugel dringt das Stöhnen.

Ein Mann in einem weißen Mantel beugt sich über genau jenes Bett. Moldenmann begreift endlich, wo er ist – in einem Lazarett. Der Mann im weißen Kittel kann dann folglich nur ein Arzt sein. Der Stöhnende mit dem umwickelten Kopf erhält eine Spritze. Der Oberleutnant blickt noch immer dort hin. Es fällt ihm schwer, seinen Kopf in eine andere Richtung zu drehen. Dabei spürt er keineswegs Schmerzen, aber der Kopf scheint ihm zentnerschwer und er ist einfach zu müde, um diese Zentnerlast noch einmal zu bewegen.

Der Arzt spürt den Blick. Er zieht die Augenbrauen hoch und richtet sich auf.

„Hallo", meint er zu Moldenmann und geht um das Bett des anderen herum.

„Da sind Sie ja wieder. Dachte eigentlich, es würde länger dauern bei Ihnen, Herr Moldenmann."

Die zivile Anrede verwirrt den Oberleutnant noch mehr.

„Was ist eigentlich mit mir los?", fragt er. „Wo bin ich hier? Und wie komme ich hierher?"

Der Arzt setzt sich auf den Bettrand und schiebt Moldenmanns Augenlider mit einer raschen, aber behutsamen Bewegung seiner rechten Hand nach oben.

„Bisschen viel auf einmal gefragt. Sie sind hier im Feldlazarett Petrivallo. Ich bin Stabsarzt Mertens. Was mit Ihnen los ist, weiß ich selbst noch nicht genau. Auf jeden Fall Schock und Gehirnerschütterung, dazu ein paar Kratzer am linken Arm, das rechte Schultergelenk war ausgekugelt – das haben wir schon repariert – na, und von oben bis unten Prellungen. Sehen aus wie ein Chamäleon, grün, blau, rot und so weiter."

Moldenmann spürt, wie die Erinnerung in ihm aufsteigt.

Der Flussübergang, die Pontonbrücke, die Lightnings, eine, zwei, drei.

Das Schmettern der Maschinenkanonen, die Schreie, der Feuerball, die Druckwelle.

Und noch etwas anderes war gewesen. Aber das Bild war viel undeutlicher. Er kroch das Nordufer des Flusses hinauf. Er hatte sich umgesehen. Die Brücke war weg, sein Tiger war fort. Aber am anderen Flussufer loderten drei Scheiterhaufen – die anderen Panzerkampfwagen und nirgendwo ein Mensch.

Weiter reichen seine Erinnerungen nicht.

„Aber wie bin ich…?"

Doktor Mertens fühlt den Puls des Panzeroffiziers, als er antwortet. Er deutet mit dem Kopf über Moldenmann hinweg zu dem Bett rechts neben dem Oberleutnant.

„Er hat Sie hierher geschleppt. War eigentlich schlimmer dran als Sie. Splitter in beiden Oberschenkeln, zwei gebrochene Rippen, Brandwunden, starker Blutverlust. Zwei oder drei Kilometer von hier haben Landser von irgendeinem Nachhuttrupp Sie beide aufgelesen und zu uns gebracht."

Der Stabsarzt schaut aufmerksam zu, wie sich der Panzeroffizier auf die rechte Seite dreht, um zu dem anderen Bett zu sehen.

Moldenmann kann seinen Retter nicht erkennen. Der dreht ihm den Rücken zu und schläft. Der Oberleutnant sieht den Arzt wieder an.

Der versteht den fragenden Blick.

„Unteroffizier Pachner, laut Soldbuch. Gesprochen hat ihn noch keiner. Hatte es gerade noch geschafft, bis hierher zu kommen. Dann ist er zusammengeklappt. Aber keine Sorge – er kommt durch. Bei Ihnen hat mir nur die tiefe Bewusstlosigkeit Sorgen gemacht. Mal sehen, was die Perkussion ergeben hat. Glaube aber nicht, dass in Ihrem Denkgehäuse ernsthaft was kaputt ist. Dafür haben Sie sich eben zu sicher bewegt."

Eine Krankenschwester tritt zum Stabsarzt. Er nickt Moldenmann zu.

„Ich sehe später noch mal nach Ihnen."

„Pachner also", denkt sich der Oberleutnant.

Unteroffizier Pachner war der Fahrer des Tigers Cäsar.

„Ist er als einziger aus dem getroffenen Kampfwagen herausgekommen? Und wie hat er es geschafft, trotz seiner Verwundungen über den Fluss zu kommen? Und dann noch mich mitzuschleppen?"

Moldenmann fühlt sich zunehmend besser. Die Müdigkeit lässt langsam nach. Er bewegt vorsichtig seinen Kopf hin und her. Ein wenig schwindlig ist ihm noch. Zufrieden legt er den Kopf auf das Kissen zurück.

„So lässt es sich eine Zeit lang aushalten", denkt sich Moldenmann.

Wie aus weiter Ferne klingt ein leises Murmeln an sein Ohr. Es dauert einige Zeit, bis er begreift, dass sein Nachbar zur Linken, der Mann mit dem großen Kopfverband jemandem etwas erzählt.

Er spricht unaufhörlich, ohne unterbrochen zu werden.

„Vielleicht hört ihm ja gar niemand zu", denkt Moldenmann.

Er versteht nun die einzelnen Worte.

„…randvoll mit Landsern, Munition, Verpflegung. Weiter unten ein Hauptverbandsplatz. Alles im Felsen drin. Absolut sicher, haben wir gedacht. Südlich von uns der Monte Cairo und noch weiter rechts der Monte Cassino. Bei uns waren die Angriffe nicht so stark wie bei Cassino. Wir hatten einen gemütlicheren Abschnitt erwischt – dachten wir. Wochenlang hatten wir alle Angriffe abgeschlagen. Und dann passierte es – die eigene Munition. Oh, verdammt. Dutzende von Bombenangriffen, Artillerietrommelfeuer konnte nichts ausrichten. Alles zu tief im Berg drin, in dem Felsen, verstehst du?"

Der unsichtbare Zuhörer, wenn der Erzähler überhaupt einen hatte, antwortete nicht.

„Und jede Menge Pioniermaterial. Minen, Sprengstoff, Reservetanks mit Flammenwerferöl, Granaten. Die Wände der Felsengänge tapeziert mit Kisten, Leuchtmunition, Rauchspurgeschosse, Eierhandgranaten. Rechts vom Hauptgang Stufen runter zum HVP. Viel zu tun hatten die Ärzte und Sanis gar nicht mal. Wir saßen ja sicher im Fels. Nur ab und zu bei einem Sturmangriff der Polen – ja – der Polen – von der Anders-Armee, aus Russland sind die wohl hergekommen, wenn wir sie nur noch im Nahkampf abwehren konnten oder mal einen Gegenstoß, um das Vorfeld wieder zu bereinigen – da gab's schon Verwundete. Aber es war auszuhalten. Wenn ich an Tobruk denke und später, Teufel noch mal, Stalingrad, obwohl ich im November 42 schon von dort weg kam – nee, dagegen war unser Felsenbau hinterm Monte Cairo geradezu der Himmel. Aber in dem Felsenhimmel gab es keine Engel. Dafür aber ein paar Verrückte. Nachts war es dazu noch hundekalt.

Da gehen doch ein paar Dorftrottel aus dem allerhintersten Hinterpommern dran, sich Konserven aufzuwärmen. Hinter ein paar Kisten Leuchtmunition, damit die Polen das Feuer nicht sehen, weil es ziemlich dicht am Ausgang war nach vorn. Das Feuer machten sie doch tatsächlich mit Stielhandgranaten. Klar, jeder Trottel kann eine Handgranate aufschrauben und mit dem Pulver im Sprengtopf sein Futter aufwärmen. So langsam brennt das ab. Jeder Trottel – aber diese drei waren halt Obertrottel. Der Himmel – oder die Hölle – mag wissen, weshalb einer von denen am falschen Ende geschraubt und gezogen hat. Jedenfalls – platsch, peng, der Mist knallt denen in die Fresse. Schlimm genug. Aber es hätte bloß die drei getroffen. Und Strafe muss sein. Die meisten toten Landser sind viel unschuldiger an ihrem Tod. Aber, Mensch, zwischen den Kisten mit der Leuchtmuni, Mensch! Überleg dir das! Diese Pommerschen Hornochsen!"

Obwohl er sich inzwischen überhaupt nicht mehr müde fühlt, bekommt Oberleutnant Moldenmann noch immer nicht mit, ob sich jemand angesprochen fühlt durch das: „Überleg dir das!"

Er wendet jetzt den Kopf nach links. Es geht ganz leicht, ohne Anstrengung und ohne Schwindelgefühl.

Er sieht nur die weiße Kugel aus Verbandsstoff und das Mundloch in der Mitte, das sich bewegt: „Doch klar, dass einige von den Splittern in die

Kiste mit der Leuchtmuni fliegen, die die Drei rings um ihre Feuerstelle aufgebaut haben. Aus irgendeiner dieser Kisten oder aus etlichen anderen sausen ein paar Dutzend oder auch hunderte, was weiß ich, Leuchtspurgeschosse wild durch die Gegend. Mindestens eines davon faucht in die Reservetanks der Flammenwerfer. In denen ist ein Gemisch aus Schwer- und Leichtöl. Das Zeug fließt aus dem durchlöcherten Tank, verdunstet, mischt sich mit der Luft, wird zu Gas. Noch ein heiß glühendes Leuchtspurgeschoss und der ganze Scheißdreck wird zu hochexplosivem Sprengstoff. Und das habe ich selbst noch gesehen. Habe erst an ein Silvesterfeuerwerk gedacht, als es anfing zu zischen und Feuer zu sprühen.

Dutzende oder mehr Kehlen fingen plötzlich an zu schreien – Feuer! Feuer! Gleichzeitig wummern ein paar schwere Granaten der polnischen oder Was-weiß-ich-Artillerie auf unser Felsennest. Der Krach ist der reinste Weltuntergang. Und ich sah noch, wie brennendes Öl ganz gemächlich an die Kisten tippt, in denen die Panzerabwehrraketen liegen. Und die Kisten sind aus wunderbar trockenem, harzigem Kiefernholz. Nee, überlegt habe ich überhaupt nicht. Ich hab's gesehen und bin aufgesprungen, ohne mir genau zu überlegen, weshalb eigentlich. Der berühmte Instinkt, der sechste Sinn.

Eine Menge anderer Landser war plötzlich auch am rennen. Wer schlau war, der sagte gar nichts, der sparte sich die Luft zum Rennen und rannte. Wer Angst hatte, der brüllte und verschenkte die Puste, die er fürs Laufen brauchte. Weiß nicht, wie lang der Tunnel war, so an die 50 Meter bestimmt. Aus allen Seitenstollen lief es heraus. Die Ahnung oder sonst was trieb die Leute raus. Denn gesehen haben konnte eigentlich keiner was, außer denen, die am Hauptgang mit den Leuchtmuni-Kisten gelegen hatten wie ich.

Oh, verflucht, es war wirklich die Hölle. Jeder schob jeden, rannte, stieß, trampelte. Wehe dem, der da stolperte, wehe dem, der sich umdrehte, um nachzusehen, wie weit er schon von der Hölle weg war. Und meine Kumpels und ich, wir waren ziemlich nahe am Ausgang des Felsenlochs und doch so weit weg. Weil nämlich weiter vorn noch zwei tiefe Seitengänge waren, aus denen sie herausgestürzt kamen wie die Wilden. Vor mir nur Menschengewimmel. Ich bin auch ein paar Mal auf was getreten – Landser – Kumpels. Vor mir im Halbdunkeln, im flackernden, ein brüllendes Knäuel von Rücken, Hälsen, Köpfen, Fäusten. Ein Flammenstoß – das Flackerlicht wurde heller, die zuckenden Schatten dunkler. Und schon krachte es auch von hinten. Qualm, Hitze, wüster Gestank und das Knattern der platzenden Leuchtmunition. Meine Angst wurde noch größer. Denn gleich musste es an die Granaten kommen, das Leuchtfeuerwerk gar an das Flammenwerferöl.

Und es kam! Aber erstmal an die Handgranaten. Hinten rollte was wie ein Donner im Wintergewitter. Ein Stoß haute mir gegen die Beine und den anderen auch. Ein Luftstoß, wie wenn ein Riese kräftig aushustet, schmiss uns gegen die Stollenwände und auf den Boden. Ich hing an der Stollenwand, angepresst von vielen Nachdrängenden, als ich plötzlich weg war. Ohnmächtig, bewusstlos, verstehst du?

Keine Ahnung, wie lange ich da so eingequetscht an der Wand klebte. Irgendwann bin ich dann runtergesackt. Dann muss die Explosion gekommen sein, die alles erledigt hat was in den Felsstollen lebte, daneben und darunter. Auch das Lazarett. Die Granaten von fünf bis 15-cm-Kaliber, sind in die Luft gegangen. Außerdem, sicher schon vorher und das war ja das Schlimmste, im Pionierstollen das höllische Ölgemisch für die Flammenwerfer. Die giftigen Gase von dem Zeug haben mich zum Ersticken und zum Umfallen gebracht, ihr Feuer hat mir die Haut vom Leib gebrannt, die Lungen zerfressen, mich blind gemacht.

Als ich wieder zu Bewusstsein kam, hatte ich den Himmel über mir. Ich lag auf Steinen, Felsbrocken und Schutt. Obwohl ich den Himmel sah und die Wolken, obwohl ich im Rücken die Steine spürte, obwohl ich innerlich brannte vor Schmerzen – es hat eine ganze Weile gedauert, bis ich kapierte, dass das hieß – ich lebe noch, ich bin nicht tot. Kein Wunder, dass andere mich auch für eine Leiche hielten. Ich lag nämlich zwischen lauter Toten, wie ich dann merkte. Noch halb beduselt sah ich, wie aus dem Stolleneingang noch immer schwarzer Rauch quoll und, dass Sanis leblose Landser rausschleppten und draußen hinlegten. Nebeneinander – übereinander – und auch auf mich! Und da merkte ich erst richtig, dass ich nicht dazu gehörte, zu den Stummen um mich herum. Aber als ich schreien wollte, da ging es nicht. Ich wollte den Toten über mir wegschieben, aber meine Arme gehorchten mir nicht – waren ohne Kraft!"

Da hört der Panzeroffizier von irgendwoher eine kraftlose Stimme protestieren: „Mensch, halt doch endlich die Schnauze! Sei froh, dass du den Mist hinter dir hast!"

Oberleutnant Moldenmann richtet sich unwillkürlich auf, um nach dem Zwischenrufer zu sehen. Er findet ihn nicht, stellt aber zu seiner Genugtuung fest, dass ihm das Aufrichten überhaupt keine Mühe gemacht hat.

Aus der weißen Verbandskugel im linken Nachbarbett kommt noch immer die Stimme. Der Mann hat den Protest des anderen anscheinend überhaupt nicht gehört.

„…zum zweiten Mal aufwachte, schon Dämmerung. Die Kälte ließ mich zittern. Und ich konnte meine Arme wieder bewegen. Aber der über mir lag noch immer da und um ihn wegzuheben, dafür reichte meine Kraft noch immer nicht aus. Schließlich kroch ich unter ihm hervor, schleifte ihn noch ein Stück mit, bis ich ihn los war. Da stand einer in der zunehmenden Dunkelheit. Der beugte sich über die Toten und sammelte die Hundemarken ein – die Soldbücher, die Briefe, die Fotos von Frauen und Kindern, Väter und Müttern. Meine halbe Erkennungsmarke fehlte auch schon und auch das, was ich noch alles im Waffenrock hatte. Er musste bei mir gewesen sein. Er oder ein anderer.

Ich fühlte, dass ich wieder ohnmächtig wurde. Der giftige Qualm, den ich geschluckt hatte, würgte mich, er ließ meine Kehle verkrampfen, sorgte dafür, dass sich mein Magen förmlich umstülpte. Ich spürte, wie schieres Feuer in mir hochstieg. Ich musste ein Lebenszeichen geben, schnell, sonst war es zu spät. Mit letzter Kraft zog ich mich zu dem Mann. Sie durften mich nicht lebendig begraben. Ich wollte ihm entgegen schreien, dass ich noch lebe, aber es kam nur ein Gurgeln.

Dafür schrie der andere. So laut hatte auf der Welt noch nie jemand geschrien. Denn ich hatte ihn um den Knöchel gefasst. Der leibhaftige Tod griff nach ihm, muss er gedacht haben. So wie ich den Schrei hörte, spürte ich auch schon seinen Stiefel in meinem Gesicht. Ich hörte ihn wegrennen, hörte seine Stiefelsohlen auf dem steinigen

Boden und er hörte nicht auf zu schreien. Und ich sah ihn noch als Schatten am Fuß des Felsens, wo er sich hinkauerte, die Hände entsetzt gegen mich ausgestreckt, sich mit dem Rücken an die Wand pressend. Und dann winselte er nur noch wie ein kleiner Hund, den man überfahren hat und der sich nun in eine Ecke verkriecht, um zu sterben. Verdammt, ich musste lachen. Wie blöd war das nur. Ich war eben noch am krepieren gewesen und ich lebte noch – der andere untersuchte Leichen und tut nun so, als ob er selbst krepieren müsse. Stell dir das nur mal vor!"

Die monotone Stimme überschlägt sich plötzlich, wird schrill.

„Und ringsum lauter Tote. Und der Mond ging auf und bemalte die Toten mit Silber. Und ich stand plötzlich mittendrin. Und der Sani starb am Felsen vor lauter Angst."

Oberleutnant Moldenmann ist so schnell aus seinem Bett wie zwei, drei andere. Mit einem Zufallsblick erfasst Moldenmann das Namensschild über dem Bett: Feldwebel Gerd Brose; III. 297. ID; Verbrennungen 3. Grades.

Stabsarzt Doktor Mertens ist ebenfalls plötzlich da. Die Schwester, die ihm gefolgt war, reicht ihm eine Spritze. Während Oberleutnant Moldenmann und die anderen den tobenden Feldwebel Brose festhalten, injiziert der Arzt das Beruhigungsmittel.

Dann sieht er Moldenmann erstaunt an.

„Nanu? Ihnen scheint es ja schon viel zu wohl zu sein, was? Marsch, zurück ins Bett!"

Klaus Moldenmann will gerade protestieren, da klingt draußen aus ziemlicher Ferne das Detonieren von Handgranaten und das Peitschen von MP- und Karabinerschüssen.

Doktor Mertens wischt sich mit der Hand über die schweißbedeckte Stirn.

„Das könnte der Entsatz für uns sein. Hoffen wir das Beste!"

Die Dämmerung war bereits über das Land gefallen, als Sanders und seine Männer das Lazarett endlich erreicht hatten.

Seine Männer sind zu Tode erschöpft, doch der Leutnant gibt den Landsern keine Ruhe. Zusammen mit dem Stabsarzt und seinen beiden Unteroffizieren bespricht er die Lage und Geländeverhältnisse. Sofort danach werden im Schutz der Dunkelheit Schützenlöcher gegraben. Dann zieht die Hälfte der Männer auf Wache.

Der Obergefreite Otto Biermann ist Zivilist geworden. Auf den ersten Blick würde ihn jeder für einen Italiener halten. Das nicht mehr ganz weiße Hemd ohne Kragen, eine abgetragene blaue Jacke und eine graue Cordhose, die wohl dem Gärtner des Krankenhauses gehörte, schaffen ein recht unkriegerisches Bild.

Falls er von den Partisanen geschnappt wird, so will er sich als entflohener Häftling ausgeben, den die italienischen Faschisten aus Südtirol verschleppt haben, weil er gegen die Abtretung Südtirols an Deutschland war, und der gerade auf dem Weg zu den Partisanen wäre, um sich ihnen anzuschließen.

Ob man ihm das abnehmen würde, ist eine andere Frage. Aber vorerst würde man das auch nicht nachprüfen können und sein Italienisch ist immerhin so gut, dass man ihn zweifelsohne für einen gebürtigen Meraner oder Bozener halten würde.

Doch daran will Biermann jetzt noch nicht denken. Wichtig ist jetzt erstmal, sich erst gar nicht schnappen zu lassen. Er trägt eine Meldung bei sich, die von Leutnant Sanders und Stabsarzt Doktor Mertens unterschrieben wurde. In ihr wird kurz die Lage geschildert und dann die Bitte an jede deutsche Kommandostelle gerichtet, die Biermann erreichen kann, die Verwundeten aus dem Ring der Partisanen herauszuholen und vor allem für den Transport Lastkraftwagen zur Verfügung zu stellen.

Biermann nutzt eine von Leutnant Sanders inszenierte Schießerei, um an der entgegen gesetzten Stelle über den Zaun zu setzen, der den riesigen Park des früheren Krankenhauses begrenzt.

Zehn Minuten später hat er unbemerkt den Wald im Norden erreicht.

Ein wenig außer Atem geraten, lehnt er sich gegen einen Baum und sieht sich aufmerksam um. Hoch über ihm rauschen leise die Wipfel. Es riecht nach feuchter Erde und nach süßen Blüten.

„Glück gehabt", denkt sich Biermann.

Er glaubt kaum, jetzt noch auf Partisanen zu stoßen. Sicher sind sie nur südlich des Geländes konzentriert, da sie wussten, dass die Verwundeten sowieso nicht flüchten können.

Geräuschlos treten seine Füße auf dicke Moospolster. Eine sanft abfallende Wiese öffnet sich vor ihm wie ein faltiges, dunkles Tuch. Hoch über ihm funkeln die Sterne. Irgendwo in der Ferne beginnt ein Hund zu jaulen, langgezogen mit stets gleichbleibendem Ton.

Biermann überlegt.

Keinesfalls wird er die Wiese überqueren.

Die Sterne und der Mond erzeugen genügend Licht, um alle Bewegungen auf der Wiese sichtbar zu machen. Lieber schleicht er weiterhin am

Waldrand entlang, wo er wenigstens etwas Deckung hat, bis er an eine Straße oder einen Weg kommt.

Vorsichtig, Schritt für Schritt tastet sich der Obergefreite vorwärts. Er besitzt keine Waffen und würde sich bei einem Angriff nicht einmal wehren können. Aber so ist es auch geplant für den Fall, dass er seine Rolle als entflohener Häftling spielen muss.

Zwei Überlegungen beunruhigen ihn in diesem Zusammenhang. Stößt er auf Partisanen, dann muss er die Meldung sofort vernichten. Sie würde ihn sofort verraten, denn er ist sich ziemlich sicher, dass die Partisanen nicht sonderlich vertrauensselig sein werden und ihn durchsuchen würden. Andererseits jedoch kann er sich ohne die Meldung bei keiner deutschen Einheit blicken lassen. Niemand würde ihm glauben. Er würde Gefahr laufen, als Deserteur behandelt zu werden.

Zumindest aber würde es Nachfragen über Nachfragen geben und das würde bei dem allgemeinen Chaos rund um Rom eine Ewigkeit dauern und seinen Auftrag ohnehin sinnlos machen.

Es bleibt eben wirklich nur eines zu tun – ungehindert bis zur nächsten deutschen Dienststelle oder Einheit zu gelangen.

Wieder einmal bleibt er stehen, um zu lauschen. Reglos starrt er in die Nacht. Zu seiner Rechten ist noch immer die große Wiese, zu seiner Linken der Wald.

Ein leises Geräusch lässt ihn zusammenzucken, so unvermittelt klingt es auf. Es kommt von vorn, von Westen.

Nun kann Biermann auch deutlich Schritte wahrnehmen, auch wenn sie durch den weichen Boden gedämpft werden.

Erregung steigt in Biermann auf. Sollte er sich geirrt haben? Vielleicht sind die Partisanen ja doch ringsum ihn herum?

Er atmet ganz flach und geht langsam, um sich durch keine heftige Bewegung zu verraten, in die Knie. Vor ihm steht ein Busch, der ihn nach Westen hin abschirmt.

Angestrengt späht der Obergefreite durch die Zweige des Busches in den Wald hinein.

Ein Zweig knackt. Das Geräusch kommt Biermann vor wie ein Pistolenschuss. Es muss kilometerweit zu hören sein.

Er spürt, wie sich kleine Schweißtröpfchen auf seiner Stirn bilden. Ein kalter Hauch fährt ihm den Rücken entlang.

Mit einem Mal bereut er, dass er diesen Auftrag überhaupt angenommen hat.

„Zum Teufel – niemand hätte mich zwingen können, hier im Partisanengebiet als Zivilist verkleidet durch die Nacht zu schleichen!"

Diesen Befehl hätte er ohne Weiteres ablehnen können.

Hüsteln. Räuspern. Biermann hört deutlich, wie jemand ausspuckt. Die Schritte sind nun ganz nahe.

Vorsichtig wagt er es, sich ganz auf den Boden zu legen. Mit aller Behutsamkeit tastet er vor sich nach den Zweigen und Ästen, um sich dann allmählich um den Busch herumzuschieben.

Erschrocken hält er in seiner Bewegung inne. Vor ihm knirscht Sand. Die Schritte sind direkt vor ihm. Fast gemächlich, ein wenig müde – schleppend.

Und dann erstirbt das Geräusch. Aus seiner Froschperspektive sieht Biermann gegen den hellen Himmel zwei Gestalten auf dem Weg am Waldrand stehen.

Zwei Meter von ihm entfernt, nur durch den Busch von ihm getrennt

Eine der Gestalten räuspert sich. Dann klingt eine Stimme auf. Nicht flüsternd, aber doch leise und der Stille der Nacht angepasst.

„Italienisch!", denkt sich Biermann.

„Sollen uns mal ablösen, porca madonna! Hier kommt doch keiner von den Tedesci durch. Ist doch Blödsinn!"

„Posten der Partisanen!", schießt es dem Obergefreiten durch den Kopf.

Anscheinend rechnen sie zwar nicht mit einem Durchbruch der Verwundeten, aber mit dem, was jetzt eben tatsächlich geschehen sollte, dass einer der Landser durchzukommen versucht, um von anderswo Hilfe zu holen.

Der andere Italiener spuckt wieder aus. Er schlägt mit der Hand gegen einen harten Gegenstand auf seinem Rücken. Und jetzt sieht Biermann gegen das fahle Himmelslicht auch die Maschinenpistolen, die beide Partisanen tragen.

„Äh – es ist doch sowieso bald alles vorbei. Dann können wir wieder nach Hause. Was willst du? Dann wirst du sogar ein Held sein. Dein Leben lang. Drum versuch wenigstens jetzt mal nicht zu meckern."

Biermann sieht die wegwerfende Geste, die der andere macht. Dann nehmen die beiden Italiener ihren Postengang mit den gleichen müden, schleppenden Schritten wieder auf.

Der Zynische, der zuletzt das über die Helden gesagt hat, streift mit dem rechten Arm und dann mit dem Kolben seiner Mpi das Gebüsch, hinter dem Biermann liegt. Der Deutsche sieht die Schuhe als geisterhafte Schemen wenige Zentimeter vor seinem Gesicht vorüber gleiten. Riesengroß und gefahrvoll.

Die Schritte entfernen sich. Nach wenigen Augenblicken ist es wieder still. Nur die knisternde und leise atmende Stille der Nacht ist noch um Biermann.

Geräuschlos erhebt er sich wieder.

Er überlegt fieberhaft.

Irgendetwas war ihm vorhin, als er die Schritte zum ersten Mal hörte, aufgefallen.

Was war das denn noch gleich gewesen?

Richtig!

Er hatte vorhin den ganzen, sich nach Nordwesten ausdehnenden Waldrand im Mondlicht gesehen, doch trotz angespannter Aufmerksamkeit keine Bewegung wahrnehmen können. Und die Schritte der beiden Partisanenposten waren unvermittelt aufgeklungen.

Es muss vor ihm einen Weg durch den Wald geben, den die beiden benutzt haben. Vielleicht sollte er ebenfalls diesen Weg nutzen, wenn er ihn findet.

Biermann umgeht eine wilde Hecke, die mitten auf dem Randweg wuchert und über das übrige Gebüsch weit hinausragt. Nach dem Sandboden an der Stelle der Begegnung mit den Partisanen ist der Boden wieder feucht und weich.

In der Ferne heult wieder der Hund. Biermann fragt sich, ob das Tier ununterbrochen geheult hat, seitdem er es zum ersten Mal gehört hat oder ob er inzwischen vor Aufregung einfach nicht mehr auf das monotone Jaulen geachtet hat.

Der Obergefreite verschärft das Tempo. Er ist sich ziemlich sicher, dass ihm nicht gleich wieder eine Partisanenstreife über den Weg laufen würde.

Plötzlich kommt es ihm so vor, als ob ihm ein Schatten am Waldrand erscheint.

Sofort kauert er sich nieder, späht aufmerksam um sich, sieht aber auch nichts mehr. Als er sicher ist, dass er sich getäuscht haben muss, erhebt er sich wieder. Dabei spürt er, dass sein Herz nicht mehr in der Brust, sondern im Hals schlägt.

Das Jaulen des Hundes verändert sich. Es wird leiser, die Töne werden tiefer. Fast klingt es wie das Ausklingen einer Alarmsirene.

In der Ferne dröhnt eine Autohupe. Ein Scheinwerferstrahl gleitet im Westen über den bewaldeten Horizont.

Irgendwo in der Nähe muss ein Bach sein. Biermann hört, wie Wasser glucksend und hell murmelnd über Steine und Äste springt. Er spürt mit dem Geräusch die rieselnde Kühle, die von diesem nur gehörten Wasser ausgeht.

Biermann ist schweißbedeckt. Und er spürt mit seinem ganzen Körper, wie das kühle, erfrischende Plappern des Wassers ihn verfolgt. Beinahe wäre er daran vorbeigelaufen. Er stoppt und geht den halben Schritt zurück.

Hier links in Richtung Süden ist der Weg , aus dem die beiden Partisanen gekommen sein müssen. Biermann späht in die nicht einmal einen Meter breite Schneise hinein.

„Sollte ich diesen Weg nutzen?", denkt er.

Da die beiden Posten hier herausgekommen sind, kann er eigentlich damit rechnen, dass er zumindest vorläufig auf keine Partisanen mehr stoßen wird.

Biermann biegt in den Weg ein.

Da tönt ihm eine scharfe Stimme auf Deutsch entgegen.

„Halt! Stehenbleiben! Parole?"

Biermann bleibt sofort stehen – vor Schreck.

Noch einmal tönt die scharfe Stimme. Sie sagt die gleichen Worte. Aber der Obergefreite ist vor Panik beinahe versteinert.

Denn nun spricht der Mann in dem undurchdringlichen Dunkel vor ihm Italienisch: „Halt! Stehenbleiben!"

Otto Biermann ist weiß Gott kein Feigling, aber er ist auch kein allzu erfahrener Frontsoldat. Er spürt, wie ihm die Glieder zittern, als er den Unbekannten Italienisch sprechen hört.

Also haben ihn doch die Partisanen erwischt. Am ganzen Körper spürt er, wie ihm der Schweiß ausbricht. Und im gleichen Moment denkt er sich, dass er sich schämen müsse, weil er Angst hat.

Unwillkürlich zieht er den Kopf ein und kriecht fast in sich zusammen. So viel ist ihm klar, dass er sich jetzt nicht mehr hinwerfen kann und Schutz im Schoß der Mutter Erde suchen kann. Jede heftige Bewegung würde nun nur dazu führen, dass die Partisanen vor ihm sofort schießen würden.

Es bleibt ihm nur die Hoffnung, dass die Leute vor ihm ihn in der Dunkelheit gar nicht sehen, sondern nur seine Schritte gehört hatten. Und es scheint so, als ob er mit seiner Vermutung Recht hat.

„Los, komm her!", sagt die Stimme aus der Dunkelheit. „Wir finden dich schon!"

Finden? Also sehen sie ihn wirklich nicht. Biermann spürt, wie er zittert. Dann hört das Zittern mit einem Schlag auf, bevor der Obergefreite selbst weiß, weshalb.

Klar – der Mann spricht Italienisch, aber so miserabel, dass er bestimmt kein Italiener sein kann.

„Nicht schießen, Kameraden!", ruft er. „Deutscher Soldat!"

Sekundenlang herrscht Stille.

Dann erklingt eine andere Stimme leise, aber deutlich: „Vorsicht! Das sagen die Brüder immer! Und wenn sie dann vor einem stehen, schmeißen sie plötzlich mit Handgranaten!"

„Menschenskind", meint Biermann, „ich bin deutscher Soldat! Obergefreiter Biermann!"

„Biermann?", fragt die fremde Stimme scharf.

Aus den Büschen tauchen drei Schatten auf, die Karabiner oder Maschinenpistolen vor der Brust halten.

„Ausgerechnet Biermann? Warum denn nicht Chianti- oder Campari-Mann? Mit so einem blöden Namen willst du uns ködern? Los, aufstehen und die Flossen nach oben!"

Vorsichtig richtet sich der Obergefreite auf, darauf bedacht, keine hektischen Bewegungen zu machen, die als Angriff ausgelegt werden können.

„Die schießen dich glatt über den Haufen", denkt sich Biermann.

„Wohl ein Witz?", meint einer der drei fremden Landser.

„Das soll einer von uns sein? Im Räuberzivil? Und dann noch mit so einem blöden Namen?"

Zwei der Landser nehmen Biermann in die Mitte, der dritte marschiert hinterher und drückt dem verdächtigen Zivilisten die Mündung seines Karabiners ins Kreuz.


„Cherr Leitnant, Cherr Leitnant!"

Erschrocken fährt Sanders hoch. Er war also doch eingeschlafen. Und jetzt steht Kowalski über ihn gebeugt und rüttelt ihn an der Schulter.

„Die Partisanen, Cherr Leitnant!"

Mit einem Satz ist Sanders auf den Beinen. Ein beißender Schmerz durchfährt ihn.

„Das Knie!", durchzuckt es ihn.

Er hat nicht daran gedacht.

Der Schmerz ist so heftig, dass es ihm die Tränen in die Augen treibt. Sanders beißt sich auf die Lippen und humpelt mit einem unterdrückten Stöhnen an Kowalski vorbei auf den Flur.

Als er am Operationssaal vorbeikommt, fällt ihm etwas ein. Er öffnet die Tür.

Stabsarzt Doktor Mertens und ein junger Unterarzt, den Sanders noch nicht kennt, bereiten eben mit Hilfe zweier Schwestern eine Amputation vor.

Mertens blickt auf die zitternden Hände seines Assistenten.

„Sie leben wohl auch bloß noch von Pervitin, was?", fragt er missmutig.

„Ach, was", wehrt er ab, als der junge Arzt zu einer Entgegnung ansetzen will, „war doch kein Vorwurf. Mir geht es schließlich genauso. Hauptsache, Sie klappen mir nicht doch noch zusammen!"

Er wendet sich an eine Schwester.

„Säge!"

Mit einem hässlichen Knirschen durchtrennt die chirurgische Säge einen Oberarmknochen. Der Arm fällt mit einem widerlich klingenden, weich platschenden Laut vom Operationstisch auf den Fußboden.

Leutnant Sanders steht noch in der Tür. Ihm wird übel. Seine Augen flimmern, als er zusieht, wie der Unterarzt mit automatischen Bewegungen die Ligaturen setzt, Adern und Blutgefäße schließt und die Hautlappen über den roten Stumpf zieht.

Sanders wendet sich ab.

Er wollte eigentlich die Ärzte warnen. Aber dieses Unterfangen ist Unsinn. Sie würden es schon merken, wenn die Partisanen angreifen. Unternehmen können sie ohnehin nichts. Er würde sie nun nur bei ihrer Arbeit stören. Wenn irgendetwas Schlimmes eintritt, kann er immer noch einen Landser mit einer Meldung zu den Ärzten schicken.

Nach dem hellen, schattenlosen Licht im Operationssaal wird Sanders nun von der Dunkelheit im Flur verwirrt. Für einen Augenblick muss er sich tastend an der Wand entlang bewegen, bis seine Augen sich umgestellt haben.

Draußen peitschen Schüsse durch die Nacht. Geschosse klatschen gegen die Wand des Lazaretts.

Kowalski steht an der Kellertreppe.

„Sie greifen an – von zwei Seiten, Herr Leitnant!"

Sanders hinkt in den Keller hinunter. Feldwebel Koch ist bereits dabei, die Männer aus dem Schlaf zu treiben.

„Lassen Sie das!", winkt der Leutnant ab. „Erstmal müssen wir wissen, was überhaupt los ist!"

„Die Itaker schießen von allen Seiten! Sie werden gleich angreifen!", sagt dieser aufgeregt.

„Quatsch!", erwidert Sanders grob. „Wenn die Leute hier auch noch rauf gehen, haben wir nur mehr Ausfälle durch die Schießerei. Hier sind die Männer sicher, bis sie wirklich als Reserve gebraucht werden. Ich werde mir die Bescherung da oben erst einmal ansehen. Sie bleiben so lange hier, Feldwebel!"

Ohne auf eine Antwort zu warten, verlässt er seinen improvisierten Gefechtsstand.

Die Nacht draußen ist kühl.

Die Italiener schießen offensichtlich plan- und ziellos. Überall klatschen ihre Geschosse gegen die Mauern. Querschläger jaulen durch die Luft.

Leutnant Sanders humpelt auf ein Zweimannloch zu und ermahnt die Männer, auf jeden Fall in ihrer Deckung zu bleiben.

„Ihr habt gutes Schussfeld von hier aus und seht, wenn jemand über die Straße will. Lasst auf keinen Fall einen Gegner bis an den Zaun ran, capito? Und verliert mir nicht die Nerven. Bleibt in eurem Loch. Hier seid ihr am sichersten!"

Sanders humpelt gebückt weiter. Schließlich robbt er durch die Finsternis, als das feindliche Feuer stärker zu werden scheint.

An allen Deckungslöchern verhält er einige Zeit, um mit den Landsern zu sprechen, ihnen zu raten, wie sie sich bei einem Angriff zu verhalten haben und um den kampfungewohnten Männern Mut zuzusprechen.

Kaum einer der Soldaten antwortet.

Sie nicken nur stumm und starren weiter in die Finsternis.

Schweißnass kehrt Sanders in den Keller zurück.

Dort wird er bereits von Doktor Mertens erwartet. Eine Schwester richtet auf einem Teller belegte Brote und stellt eine Kanne Tee daneben.

„Essen Sie erstmal was", sagt der Stabsarzt und zündet sich eine Zigarette an.

Dann meint er nachdenklich: „Ob Ihr Mann wohl auf eine deutsche Einheit oder Dienststelle gestoßen ist?"

Sanders wirft einen Blick auf seine Uhr. Wenn alles gut gegangen war, musste Biermann jetzt zehn oder fünfzehn Kilometer in Richtung Rom geschafft haben. Mit Sicherheit ist er auf dieser Wegstrecke auf eine deutsche Einheit gestoßen.

Doch Sanders wagt nicht, seine optimistische Einschätzung so deutlich zu äußern. Besser, man bleibt skeptisch.

„Ich hoffe es", sagt er deshalb nur leise und zieht die Schultern hoch, „für ihn wie für uns!"

Der Arzt nickt.

„Wenn Sie nur mit Ihren Leuten so lange halten können, bis Verstärkung hier ist. Menschenskind, ich versteh das gar nicht. Die großdeutsche Wehrmacht kann sich doch nicht einfach auf die Socken machen und ein ganzes Lazarett zurücklassen!"

Er schüttelt den Kopf.

„Schöne Sauerei ist das!"

Sanders ist da etwas anderer Meinung.

„Man hat ja nirgendwo davon gewusst, dass hier Partisanen aufkreuzen werden. Wegen Ihrer kurzen telefonischen Meldung, die durch das Durchschneiden der Leitung verstümmelt wurde, bin ich ja losgeschickt worden. Natürlich konnte niemand ahnen, dass Ihre Lage so ernst ist und auch ich mit meinen Leuten nicht viel helfen kann."

Doktor Mertens winkt gleichgültig ab.

„Wahrscheinlich haben Sie sogar recht. Aber was nützt uns das?"

Er überlegt eine ganze Weile.

Dann sagt er: „Wenn man wenigstens wüsste, was für eine Sorte Partisanen das ist, die uns hier umzingelt hat – Nationale – Liberale – Kommunisten? Oder was sonst noch so. Badoglio hat ja auch reguläre italienische Truppen aufgestellt. Zumindest die müssten sich ja an das Völkerrecht und die Genfer Konvention halten!"

Er unterbricht sich selbst mit einer resignierenden Handbewegung.

„Ist ja Quatsch. Reguläre italienische Einheiten kämpfen im Verband der Alliierten, können also gar nicht hier sein. Nein, es sind schon Partisanen. Fragt sich eben bloß, welche?"

Leutnant Sanders greift noch einmal nach der Teekanne und gießt sich die dicke Porzellantasse voll.

„Warten wir doch bis zum Morgengrauen. Vorher greifen die bestimmt nicht ernsthaft an. Dann werden wir endgültig wissen, mit wem wir es zu tun haben."

„Schön", sagt der Stabsarzt.

„Wenn es sich um Leute handelt, zu denen wir Vertrauen haben können – und wenn bis dahin kein Entsatz eingetroffen ist – dann übergebe ich das Lazarett. Dann ist für meine Jungs wenigstens der verfluchte Scheißkrieg ein für alle Mal zu Ende!"

„Und für meine Jungs?", fragt Sanders zurück.

„Es sind fast alles Familienväter und durchaus keine Jungs mehr."

Doktor Mertens legt ihm begütigend die Hand auf den Arm.

„Mein lieber Sanders, auch für Ihre Männer wäre es wohl das Beste. Gerade weil sie Familienväter sind. Dann haben sie wenigstens alle Aussicht, ihre Familien wiederzusehen. Wenn es vielleicht dann auch etwas länger dauert, als mit einem Fronturlaub. Und der ist weniger sicher als der Heldentod – stimmt's?"

„Nein!", sagt Sanders schroffer als er eigentlich will und auch nicht mit der rechten Überzeugung.

Aber dieser Gedanke hier ist ihm neu. An so etwas hatte er bei allem Hass gegen den Krieg noch nie gedacht.

Doktor Mertens antwortet nicht. Stattdessen weist er auf Sanders Knie.

„Wie steht's eigentlich mit Ihrem Knie? Das sollte ich mir wohl besser mal ansehen."

Eine laute Detonation dringt in diesem Augenblick in den Keller.

Mit einem Fluch springt der Arzt auf und Sanders stöhnt gleich darauf. Er hat beim Aufstehen schon wieder einmal nicht an sein Knie gedacht.

Feldwebel Koch reicht ihm den Stock, der zu Boden gefallen war.

„Handgranate!", sagt er dabei und deutet mit dem Kopf nach oben.

„Dann greifen sie also doch jetzt schon an. Sie müssen schon ganz in der Nähe sein!"

„Schon gut", sagt Sanders, während er die Treppe hinter dem Arzt hinaufhumpelt.

„Sie bleiben jedenfalls erstmal hier, wie ich Ihnen gesagt habe!"

Die tiefschwarze Finsternis ist einem dunklen Grau gewichen. Auch die Sterne blinken nicht mehr so hell wie vor Stunden. In den Bäumen zwitschern schon ein paar Vögel, der Lärm, den die Menschen machen, stört sie nicht.

Es ist, als wollen sie die laute und blutige Welt der Menschen bewusst von ihrem eigenen friedlichen Dasein ausschließen.

„Sie kommen!", ruft eine Stimme, die Sanders nicht erkennt.

Er eilt dorthin, wirft sich zu Boden, als Infanteriegeschosse dicht an seinem Kopf vorbei pfeifen, kriecht einige Meter und bleibt erst einmal verschnaufend hinter einem Baum liegen.

Dann sieht er das Deckungsloch, aus dem der Landser gerufen hat. Er zieht sich noch bis dorthin, die Hände in den weichen Grasboden gekrallt.

Unteroffizier Kramer ist es, der gerufen hat. Er ist so ziemlich der einzige des ganzen zusammengewürfelten Haufens außer Sanders, der wenigstens etwas Fronterfahrung hat.

„Ein Glück", sagt Kramer, als Sanders ausgepumpt neben ihm im Erdloch liegt, „dass die Itaker keine Ahnung davon haben, wie man einen Angriff auf eine feste Stellung durchführt. Soldaten sind das jedenfalls nicht."

„Unser Haufen besteht auch nicht aus Soldaten. Lauter verkleidete Zivilisten. Brave Familienväter, Beamte, Prokuristen, Künstler, kaum Arbeiter, dafür aber ein Fabrikdirektor. Leute, die in Stäben gesessen hatten. Und das sogar zu recht, weil sie bisher zu alt waren, um kämpfen zu müssen – bisher", denkt er sich im Stillen, sagt aber nichts laut.

„Die machen alles ziemlich kopflos", spricht der Unteroffizier weiter. „Bekommen sie Gegenfeuer, ziehen sie sich sofort zurück. Ich schätze, sie haben sogar schon etliche Verluste. Und wir haben noch nicht einen einzigen Mann verloren."

„Schön und gut, aber immerhin ist einer von den Partisanen so nahe herangekommen, dass er eine Handgranate werfen konnte!", meint Sanders.

Er spürt mehr, als er es sieht, dass Kramer den Kopf schüttelt.

„Das war mindestens 30 Meter entfernt, Herr Leutnant! Die Detonation, meine ich. Der Mann, der die Handgranate geworfen hat, war also noch viel weiter weg – vielleicht 50, 60 Meter!"

Leutnant Sanders spürt bald, dass Unteroffizier Kramer recht hat. Die Italiener, ob es nun Partisanen sind oder reguläre Badoglio-Truppen, versuchen immer wieder, die Deutschen durch heftiges Gewehr- und Maschinengewehrfeuer einzuschüchtern, um sie zur Übergabe zu zwingen.

Sie lassen nichts unversucht. Sie werfen mit Handgranaten, lassen selbstgebaute Sprengladungen detonieren – aber alles zu weit weg. Nichts davon kann den Soldaten in den Schützenlöchern wirklich gefährlich werden. Auch das Feuer der Infanteriewaffen ist nach wie vor ziellos und prasselt überall gegen die Mauern und Büsche, doch niemals konzentriert dorthin, wo die Verteidiger liegen.

Die Italiener können kaum ahnen, dass sie damit einen entscheidenden Fehler begehen. Denn die bisher kampfungewohnten Männer, die am Abend noch Angst gehabt hatten, werden sich der

Unwirksamkeit des Feuers bewusst und selbstsicherer.

Wer den Spruch, eine jede Kugel trifft ja nicht, bisher für eine billige Parole gehalten hatte, der glaubt jetzt daran.

Seit Stunden feuern die Italiener jetzt schon und von den alten Landsern ist noch nicht einmal jemand verwundet worden.

So schöpfen sie allmählich den Mut, der ihnen bisher gefehlt hatte. Und jetzt feuern sie ruhig, überlegt und selbstsicher zurück. Genau gezielt auf alles, was sich da in der aufkommenden Dämmerung vor ihnen bewegt.

Die Welt wird allmählich immer heller, das dunkle Grau ist einer schmutzigen Bleifarbe gewichen. Da hört das Feuer des Gegners mit einem Schlag auf. Ein einzelner Schuss peitscht noch über den Park vor dem Lazarett, dann ist Stille.

„Die Stille vor dem Sturm", denkt Leutnant Sanders.

Er ahnt, dass es bald schlimmer kommen wird. Sobald der Tag angebrochen war, sobald sein Licht die Landschaft wieder erhellen würde.

Der Obergefreite Biermann ist in einem kleinen Nest ostwärts von Rom gelandet. Die drei Sicherungsposten, die ihn aufgegriffen hatten, reichten ihn weiter, bis er sich nun hier bei einem Stab befindet. Welche Einheit es ist, das weiß er nicht. Noch immer hält man ihn für einen Spion oder einen Deserteur, dem man nicht trauen kann.

In dem Ort werden Koffer, Kisten und Kästen gepackt.

Der Stab – Biermann vermutet nach der Stärke und nach der Menge an Akten und Bürogeräten einen Divisionsstab – war kurz vor dem Aufbruch nach Norden, in Richtung der neuen, vorbereiteten Verteidigungsstellung – der Gotenlinie.

Es sind nicht mehr viele Offiziere vorhanden. Der für Feindlage verantwortlichen Ic, ein junger Oberleutnant, der Stabsintendant und die Offiziere der Sicherungsbataillons, die den Rückzug decken sollen.

Der Wachhabende in dem halb geräumten Gefechtsstand glaubt Biermann kein Wort. Er behält ihn bei sich in der Wachstube und befiehlt einem Landser, auf den verdächtigen Burschen aufzupassen.

„Der Ic schläft noch, mein Junge", sagt er zu Biermann. „Deinetwegen mach ich ihn nicht munter. Zum Erschießen reicht es später auch noch!"

Der Tag ist da.

Irgendwo hinter den Sabiner Bergen klettert die Sonne hoch, scheint mit einem blutroten Streifen am Himmel, schiebt sich als glühende Halbkugel über die Bergkette und wird endlich zum goldenen Ball, der Licht ausstrahlt und Wärme verspricht.

Den Männern in den Deckungslöchern scheint es jedoch, als zögere die Sonne weiter zu steigen. Schließlich hilft sie den Menschen unten auf der Erde mit ihrem Licht nur, dass sie sich besser sehen und sich damit leichter gegenseitig umbringen können.

Doch die Sonne zögert nicht. Dem glühenden Gasball fern im Weltraum ist es gleich, was unten auf der Erde geschieht. Und auch die Erde dreht sich in diesem Juni 1944 wie an jedem anderen Tag mit der gleichen Geschwindigkeit um die Sonne, deren Strahlen nun immer kräftiger leuchten.

Ein Tag also wie jeder andere – und doch kein Tag wie jeder andere für die Soldaten in den feuchten Deckungslöchern vor dem eisernen Zaun des Lazarettparks. Denn sie ahnen, dass einige von ihnen heute wohl sterben werden.

Leutnant Sanders blinzelt vom Fenster eines nach Osten gelegenen Krankenzimmers in die eben von einem Dunstschleier umwallte Sonne.

Er fühlt sich bedrückt und weiß, dass dies nicht nur von der Müdigkeit kommt.

„Wann ist schon mal ein Morgen so schön wie dieser? Und doch wird er blutige Kämpfe mit sich bringen."

Wie oft hat Sanders das schon an der Ostfront erlebt.

Es scheint geradeso, als ob der Himmel noch einmal zeigen will, wie schön er eigentlich sein kann, von welcher Herrlichkeit all jene Abschied nehmen müssen, die an einem solchen Tag in den Kampf ziehen und ihr Leben lassen müssen.

Nie mehr würden sie teilhaben an all dem, was das Leben einem Menschen geben kann.

Nie mehr würden sie sehen, welch wunderliche Figuren der über den Wiesen und dem Wald liegende Nebel bildet, der jetzt zerflattert und zur Sonne emporsteigt.

Nie mehr würden sie den kühlen, würzigen Hauch eines morgendlichen Waldes einatmen, nie mehr glücklich sein können über den herrlichen Anblick der vom roten Sonnengold umrahmten Berge.

Und sie alle, die jetzt in einem feuchten, schmutzigen Erdloch stehen und sich fröstelnd die blutbefleckte Tarnplane enger um die Schultern ziehen, wie gern würden sie noch weiter hier stehen, noch weiter so frieren, wenn sie nur sicher wüssten, dass der erbarmungslose Tod heute nicht nach ihnen greift.

Leutnant Sanders fährt aus seinen Gedanken auf. Doch es sind nicht die einzelnen Gewehrschüsse, die ihn aufschrecken lassen, denn die sind bereits zu einem gewohnten Geräusch geworden.

Es sind die verwehenden Klänge eines Liedes, die ihn nach draußen eilen lassen.

Und er denkt noch: „Sind die Männer verrückt geworden, jetzt zu singen und damit die Stellungen zu verraten?"

Als er im nächsten Deckungsloch vor dem großen schmiedeeisernen Tor des Haupteinganges liegt, weiß er, dass es nicht seine Männer sind, die da singen. Und er erkennt die Melodie und den Text. Das Lied kommt von den Stellungen der Partisanen.

„Avanti popolo, bandiera rossa…"

Unwillkürlich summt Sanders die Melodie mit. Er kennt sie von früher aus seiner Studentenzeit, in der er auch Gastwirt Emilio Maletti kennengelernt hatte.

Der Gesang wird stärker und steigt mit dem Nebelschleier machtvoll zur Sonne empor.

„…avanti popolo, bandiera rossa."

Verwundert stellt Sanders fest, dass zu seinem Summen jemand neben ihm die zweite Stimme singt, mit Text – mit deutschem Text.

Es ist ein kleiner Mann mit runder Stahlbrille, ein Obergefreiter, vielleicht 45 Jahre alt.

Der Mann erschrickt, als er den Blick des Leutnants auf sich gerichtet sieht. Es verstummt so plötzlich, als habe der Leutnant ihm den Mund zugehalten.

„Sind Sie nicht, warten Sie mal – Obergefreiter – Lipschitz?", überlegt Sanders.

„Jawohl, Herr Leutnant!"

Vom Waldrand her kommt eine Mpi-Salve gezwitschert. Das Prasseln von einem guten Dutzend Gewehrschüssen folgt.

Dann schwillt der Gesang wieder an.

„Die machen es aber spannend", knurrt Sanders. „Das soll wohl Nervenkrieg sein."

Er starrt angespannt nach vorn, aber da rührt sich nichts. Nur der Gesang ist zu hören.

„Woher kennen Sie denn das Lied, ich meine, den deutschen Text, den Sie da eben gesungen haben? Das Lied selbst kenne ich ja auch, aber keine deutsche Nachdichtung."

Der Obergefreite Lipschitz grinst etwas gequält.

„Halt Jugenderinnerungen – SAJ – Sozialistische Arbeiterjugend!"

„Singen Sie doch noch mal, interessiert mich wirklich", fordert Sanders ihn auf.

Der Obergefreite sieht den Leutnant misstrauisch und zweifelnd an, aber er kann in dem Gesicht des jungen Offiziers nichts anderes als beiläufiges Interesse lesen.

Wieder knallen Schüsse hoch in die Luft zwischen die Äste der Bäume im Park, harmlos und ohne Gefahr für die deutschen Landser. Und abermals beginnt eine Strophe des Liedes von der roten Fahne.

Der Obergefreite Lipschitz singt leise mit, so dass nur der Leutnant es hören kann: „Voran, du Arbeitervolk! Du sollst nicht weichen…"

Leutnant Sanders schüttelt den Kopf.

„Wat et nich all jibt", entfährt es dem Offizier.

„Von wem ist das?"

Der Obergefreite Lipschitz hebt zweifelnd die Schultern.

„Ich glaube von Karl Bröger, weiß es aber nicht mehr genau."

„Was, von dem? Derselbe, von dem das ist: Deutschland, heiliges Wort, du voll Unendlichkeit – über die Zeiten fort seiest du gebenedeit…"

„Warum nicht?", fragt der Obergefreite.

„Er war ja der sozialdemokratische Parteidichter."

„Naja, jedenfalls wissen wir jetzt mit Sicherheit, dass unsere Gegner tatsächlich kommunistische Partisanen sind. Mist, verdammter! Da ist an eine Übergabe des Lazaretts nicht zu denken. Jetzt müssen wir wohl oder übel durchhalten, bis Entsatz kommt – oder reguläre alliierte Truppen!", überlegt Sanders.

Lipschitz nickt, da er sich irgendwie auch angesprochen fühlt.

Ein Schrei gellt auf: „Alarm! Sie kommen!"

Prasselndes Gewehrfeuer setzt ein, Maschinenpistolen bellen dazwischen. Und dann kommen sie aus dem dünnen Pinienwald hervorgebrochen, stürmen in breiter Front über die Wiese auf der anderen Seite der Straße auf die Deutschen zu.

„Noch nicht schießen!", schreit Sanders.

„Auf mein Kommando warten! Und dann gezieltes Einzelfeuer!"

Die laufende Mauer aus Menschenleibern kommt näher, schwankt über Bodenwellen auf und ab, bewegt sich nach links und rechts wie ein Getreidefeld in leichtem Wind.

Sanders sieht auf den Obergefreiten Lipschitz neben sich. Die Stahlbrille sitzt oben auf der Stirn. Lipschitz hat den Karabiner schussbereit, den Kolben an der Schulter, den rechten Zeigefinger am Abzugsbügel. Das Gesicht ist konzentrierte Aufmerksamkeit.

Sanders schüttelt den Kopf.

Dann hebt er die rechte Hand und gibt das Kommando: „Feuer frei!"

Leutnant Sanders und Stabsarzt Doktor Mertens
haben recht mit ihrer Besorgnis, das Lazarett an
Partisanen zu übergeben.

Die Garibaldi-Partisanen sind Kommunisten.
Für sie gilt kein Gesetz, weder Völkerrecht noch
italienisches Gesetz, keine Moral, kein Gesetz der
Fairness und der Ritterlichkeit.

Für sie gilt nur ein Gesetz, das des Bürgerkriegs,
dessen Sieger sie sein wollen, um die Macht zu er-
greifen. Die Mittel dazu sind vollkommen gleichgültig.

Gegen die Deutschen kämpfen sie nur dort, wo
sie Wehrlose vor sich haben. Der eigentliche
Kampf gilt den Landsleuten, die ihnen die Macht
im neuen Staat streitig machen können.

Der Kampf gegen wehrlose Deutsche gilt indes
nur einem propagandistischen Zweck – den Alliierten vorzutäuschen, dass die Kommunisten
nicht um die Macht im Staate gegen Italiener
kämpfen, sondern gegen die Deutschen und somit
wichtige und förderungswerte Verbündete der
westlichen Demokratien sind.


Stabsarzt Doktor Mertens hat schon einige Zeit
vom Fenster seines Zimmers aus unruhig die Vor-
bereitungen der Partisanen an der Rückseite des
Lazaretts verfolgt, dort, wo der große Garten in
das Parkgelände übergeht.

Mertens schimpft leise vor sich hin.

Die eigenen Posten müssen in der Nacht geschla-
fen haben. Denn als es hell wird, sieht der Stabsarzt etwas, was am Abend noch nicht dagewesen
war.

Am Ende der großen Wiese wurden Barrikaden
aufgebaut. Umgestürzte Leiterwagen, die sicher
bei den Bauern der Umgebung requiriert worden

waren, Holzbohlen, Tische, Kästen und Transportkisten.

Als der Gesang der Partisanen auf der Straßenseite in den Sprechchor übergeht und der Sturmangriff beginnt, entschließt sich der Stabsarzt, Leutnant Sanders selbst auf die neue Entwicklung an der Rückseite des Lazaretts aufmerksam zu machen.

Aber es dauert einige Zeit, bis er in dem heftigen Feuer der Partisanen den Sprung von der Eingangstür über die Freitreppe zu einem der Deckungslöcher wagen kann. Und erst geraume Zeit später hat er den Leutnant ausgemacht und es ist noch schwieriger und zeitraubender, von dem einen Deckungsloch zum anderen zu kriechen.

Als Doktor Mertens sich endlich schwitzend und keuchend neben dem Leutnant ins feuchte Erdloch rutschen lässt, ist der Sturmangriff der Garibaldi-Leute bereits abgewiesen. Ungefähr zehn Tote oder Verwundete liegen querab der Straße auf der Wiese vor dem kleinen Wäldchen. Die anderen haben sich in wilder Flucht wieder hinter Büsche und Bäume zurückgezogen.

Leutnant Sanders wehrt den Stabsarzt unwirsch ab, als dieser berichten will. Er sieht gerade durch sein Glas und hat eine interessante Entdeckung gemacht.

Im Glas kann er, wenn auch durch schwankende Zweige und flirrende Blätter etwas verschwommen, deutlich genug an die 50 bis 60 der Zivilisten ausmachen. Bewaffnet mit Karabinern, roten Armbinden um den rechten Arm, kauern sie dort. Das sind die Leute, die eben den Angriff durchgeführt haben. Ihr Anführer trägt eine Baskenmütze, eine braune, glänzende Lederjacke und hat eine Mpi in der Hand. Aufgeregt gestikulierend redet er auf seine Leute ein.

„Das sieht fast so aus, als will er seine Leute zu einem neuen Angriff überreden. Dann ist höchste Vorsicht geboten“, überlegt Sanders.

„Im Oberstock, oben unter dem Dach ein MG. Mensch, da wären wir die schlimmsten Sorgen los. Von denen käme keiner davon!“, meint der Leutnant, als er das Fernglas abnimmt und nun den Stabsarzt erst richtig wahrnimmt.

„Das würde Ihnen nichts nutzen, mein Lieber!“, sagt Mertens.

„Wieso nicht?“, fragt Sanders verwundert zurück.

„Weil ich es Ihnen verbieten würde!“, antwortet der Stabsarzt trocken. „Über dem Lazarett weht die Rotkreuzflagge. Wenn aus dem Gebäude auch nur ein Schuss abgegeben wird, stellen wir uns selbst außerhalb der Genfer Konvention. Wenn auch die Partisanen das Völkerrecht nicht beachten – ich jedenfalls bin gewillt, mich daran zu halten!“

„Mein Lieber, du hättest in Russland mit dabei sein müssen. Da haben sogar Ärzte und Schwestern mit der Waffe in der Hand das Lazarett verteidigt, weil noch Hoffnung bestand, dass noch ein eigener Gegenangriff die Eingeschlossenen befreien hätte können“, denkt Sanders, sagt aber nichts.

Doktor Mertens spricht bereits weiter.

„Hier draußen ist die Sache klar. Verteidigen Sie, um Himmelswillen, so lange Sie können. Wenn die Partisanen aber erst einmal ins Lazarett selbst eingedrungen sind, dann müssen wir Schluss machen. Ich hoffe, das ist Ihnen klar?“

Sanders nickt, wenn auch nicht ganz überzeugt.

„MG haben wir sowieso keines, das war nur ein Wunschtraum und wenn die Burschen erst einmal im Lazarett sind, dann ist der Ofen auf jeden Fall aus."

Der Stabsarzt erklärt nun, weshalb er den zwar kurzen, aber gefährlichen Weg zu Sanders gewagt hatte.

Der Leutnant hört ihm aufmerksam zu. Dann wiegt er nachdenklich den Kopf.

„Barrikaden, sagen Sie? Dann sehe ich von dort keine Gefahr. Gerade deshalb. Das bedeutet doch, dass sie sich an der Rückseite zur Verteidigung einrichten, um uns im gegebenen Fall den Rückweg abzuschneiden. Wenn sie Barrikaden gebaut haben, dann heißt das, dass sie auf keinen Fall von dort angreifen werden! Die Barrikaden wären ihnen selbst beim Angriff im Wege und würden ihren eigenen Rückweg versperren, mit dem sie ja auch rechnen müssen. Aber trotzdem, ich schau mir die Sache dann mal an. Auf jeden Fall ist hier auf der Straßenseite die Gefahr immer noch am größten."

Mertens verabschiedet sich und eilt in grotesken Sprüngen wie ein von Hunden gehetzter Hase im Zickzack auf die Freitreppe und den Eingang zu, während Sanders von Schützenloch zu Schützenloch robbt und den Landsern neue Anweisungen gibt.

Er schickt vier Mann an die rechte Flanke. Dort stehen auf der anderen Straßenseite einige Büsche etwa 30 Meter von der Straße entfernt. Die vier Landser sollen versuchen ungesehen dorthin zu gelangen, um bei einem neuen Angriff die anstürmenden Partisanen von der Seite unter Feuer zu nehmen.

Sanders macht alle Männer mit seinem Plan vertraut und erklärt ihnen, dass sie diesmal den Gegner noch näher herankommen lassen müssen, damit das Flankenfeuer umso wirksamer wird.

Dann zwängt er sich neben einen älteren Landser in dessen Deckungsloch und lädt seinen Karabiner durch. Die einzige Maschinenpistole, eine alte deutsche Mpi 36, hat er einem der vier Männer für das Flankenfeuer gegeben.

„Wenn wir die Partisanen noch näher heran lassen", sagt er zu dem alten Landser neben ihm, „dann können sie mit Handgranaten werfen! Also aufpassen und immer auf Deckung achten!"

„Schon gut, Herr Leutnant. Das habe ich schon einmal mitgemacht. Das war 16 und 17 im vorigen Krieg. Verdun, Toter Mann, Chemin des Dames, Douaumont. Das war viel schlimmer. Artillerietrommelfeuer und Giftgas. Und viel mehr Schlamm und Dreck als hier. Und richtige, erfahrene Frontsoldaten als Gegner!"

Sanders muss unwillkürlich lächeln.

„Na, dann kann uns ja nichts mehr passieren."

Der alte Landser peilt über den Rand des Deckungslochs. Die braune Erde riecht nach Fäulnis. Der Mann nimmt einen Erdklumpen und zerdrückt ihn in der Hand. Er tut es, um seine Erregung zu verbergen. So selbstsicher, wie er eben getan hat, ist er längst nicht. Aber er hat das Gefühl, dass er dem jungen Leutnant Mut machen muss, denn der Junge könnte ja sein eigener Sohn sein.

„Achtung – sie kommen!", schreit jemand.

Die Männer verscheuchen ihre Gedanken.

Diesmal kommen die Partisanen ohne Gesang und ohne Sprechchor. Sie schießen auch nicht während ihres Sturmangriffs. Sie rennen, stolpern und springen mit verbissener Wut auf die deutschen Stellungen zu. Keiner wirft sich zwischendurch zu Boden.

Das Bild wirkt unheimlich. Ringsum herrscht Ruhe, eine tödliche Stille. Weder die Partisanen noch die deutschen Soldaten schießen. Kein Ruf und kein Befehl wird laut. Aber die Vögel zwitschern unbekümmert ihr Morgenlied.

Sanders, der eben in dem fremden Loch noch gefroren hat, spürt erstaunt, dass ihm Schweißtropfen über den Rücken rinnen und seine Haut feucht wird.

Dann ist es soweit.

Beinahe ist es schon zu spät, als Sanders endlich den Feuerbefehl gibt.

„Feuer frei!"

Zur gleichen Zeit mit den gezielten Gewehrschüssen der Männer in den Deckungslöchern hinter der Straße setzt das Rattern der Mpi 36 hinter der Buschgruppe auf der Wiese ein.

Die Partisanen sind jedoch schon so weit an die Straße herangekommen, dass das Flankenfeuer nur die letzten der Angreifer treffen kann. Andernfalls hätten die Landser schon in die Richtung der eigenen Deckungslöcher zielen müssen.

Die am weitesten entfernten Partisanen fallen hin. Es ist nicht zu erkennen, ob sie getroffen sind oder nur Deckung suchen. Die Masse der Angreifer aber befindet sich nun schon so nahe an der Straße, dass sie Handgranaten werfen. Einige platzen dicht vor dem Eingangstor. Doch dort hat Sanders aus gutem Grund keine Landser postiert, weil klar war, dass das Tor Hauptangriffspunkt sein würde und man die dort angreifenden Partisanen viel besser durch Feuer von beiden Seiten des Tores abwehren könne.

Immerhin zwingen die detonierenden Handgranaten die Landser in Deckung. Und so gelingt es einigen der Partisanen, immer näher heranzukommen. Gerade noch rechtzeitig sieht Sanders die drohende Gefahr.

Einer der Partisanen trägt einen viereckigen Kasten. Während seine Genossen die Verteidiger jetzt mit Gewehr- und Mpi-Feuer niederzuhalten versuchen, kriecht er mit der Kiste an das schmiedeeiserne hohe Tor heran.

Sanders legt seinen Karabiner an, hat den Mann im Visier, folgt seinen Bewegungen über Kimme und Korn und drückt ab.

Im hin und her prasselnden Gewehr- und Mpi-Feuer hört er nicht, dass es nur klickt, aber er spürt am ausbleibenden Rückstoß, dass die Gewehrkammer leer ist.

Fluchend greift der Leutnant in eine der Patronentaschen am Koppel, um einen neuen Ladestreifen herauszuholen.

Gleichzeitig sieht er über den schräg gehaltenen Karabiner hinweg zufällig zu dem Deckungsloch auf der anderen Seite des Tores, in dem er selbst beim ersten Angriff der Partisanen neben dem Obergefreiten Lipschitz gelegen hatte.

Er sieht fast nur im Unterbewusstsein, dass Lipschitz sein Gewehr am Anschlag hat und auf den am weitesten vorgedrungenen Partisanen zielt.

Sanders hält unwillkürlich beim Laden inne. Er sieht, dass Lipschitz zusammenzuckt. Also hatte er abgedrückt – und getroffen.

Der Italiener mit dem Kasten in der Hand fällt zwei Meter vor dem Tor zu Boden. Mit einer langsamen, fast gemächlichen Bewegung streckt er sich am Boden aus, den Kasten mit dem rechten Arm an sich pressend.

Die Sprengladung in dem Kasten ist bereits gezündet. Während Leutnant Sanders mit automatischen Bewegungen den Ladestreifen von unten in die Kammer seines Karabiners einführt, sieht er noch immer zu dem Mann hinüber, der vor dem großen Tor liegt.

Der Kasten detoniert mit einer heftigen Explosion. Eine dichte, grau-schwarze Rauchwolke steigt auf. Es dauert einige Sekunden, bis sie sich verzogen hat.

Danach ist an der Stelle, wo der Garibaldi-Partisan lag, nur noch ein dunkler Fleck von verbranntem Gras.

Einen Augenblick schweigen die Waffen. Hier wurde gerade ein Mensch zerrissen, in ein Nichts aufgelöst. Das Ereignis scheint Freund und Feind gleichermaßen zu erschüttern – hier ist ein Mensch vor ihren Augen spurlos verschwunden – in Atome aufgelöst.

„Du lieber Gott", flüstert der alte Landser neben Sanders.

„Ich glaube, er hat gar nichts davon gemerkt", meint Sanders mit belegter Stimme.

„Vielleicht – der arme Kerl."

Die Sprengstoffdetonation scheint die Partisanen demoralisiert zu haben. Sie ziehen sich zurück. Sanders merkt, dass sie die Hauptgefahr erkannt haben.

Während vier, fünf Mann mit Mpi-Feuer auf die deutschen Stellungen den Zurückgehenden Feuerschutz geben, schießen die anderen während ihres Laufes über die Wiese abwechselnd auf die Gebüschgruppe, aus der sie beim Angriff das vernichtende Flankenfeuer erhalten haben.

Die vier Landser müssen sich an den Boden pressen. Zum Schießen kommen sie nicht mehr.


Der Oberleutnant, der Ic der Division, hat ein jugendliches, rosiges Gesicht und freundliche Augen, die noch etwas verschlafen wirken. Aber er ist ebenso misstrauisch wie die anderen, denen

Biermann im Laufe der vergangenen Nacht begegnet war. Doch dann ruft er schließlich im römischen Hauptlazarett an, bekommt nach langem Hin und Her noch jemanden an die Strippe, der von Leutnant Sanders und seinem Auftrag weiß.

Nachdenklich legt der Oberleutnant den Hörer auf die Gabel. Er nimmt noch einmal die Meldung in die Hand, die Leutnant Sanders und Stabsarzt Doktor Mertens unterschrieben haben.

Diesmal ohne das vorherige Misstrauen, wurde er selbst angerührt von der Verzweiflung und der Hoffnung, die zwischen den Zeilen heraussprang.

„Hm, scheint ja doch zu stimmen, was Sie da erzählen. Also Lkws braucht ihr, um die Verwundeten abzutransportieren? Na, Lkws allein dürften ja nicht genügen. Schließlich muss man erst mal durch den Belagerungsring hindurch und dann auch wieder heraus. Wir brauchen also auch eine kampfkräftige Truppe dazu. Gut, warten Sie hier. Ich werde sehen, was sich machen lässt."

Otto Biermann wird von den anderen Landsern, die im nun schon fast ganz geräumten Divisionsgefechtsstand aus- und eingehen, wie ein Wundertier angestarrt. Es hat sich rasch herumgesprochen, dass dieser verwahrlost aussehende Zivilist ein deutscher Soldat sei, der sich durch einen Ring von Partisanen durchgeschlagen hat.

Gegen 9 Uhr, Biermann raucht eine Zigarette nach der anderen, fragt er noch einmal im Vorzimmer des Ic nach dem Oberleutnant. Durch das Fenster des Büros sieht er einige Nachrichtenhelferinnen und Wehrmachtsbeamte einen Lkw besteigen.

Der Lastkraftwagen fährt gerade ab, als der Oberleutnant aus seinem Zimmer kommt und bedauernd die Schultern hebt.

„Tut mir leid, mein Lieber. Aber ich habe nichts
für Sie freimachen können."

„Ja, aber – die Verwundeten!"

Der Oberleutnant geht mit Biermann auf die
Straße und streckt ihm die Hand entgegen.

„Machen Sie es gut. Ich wünsche Ihnen viel
Glück. Wenden Sie sich an den Kommandeur des
Sicherungsbataillons. Ich habe ihm bereits Bescheid gesagt. Es war leider das einzige, was ich
im Moment tun konnte."

Aufgelöste Scharen von Landsern hasten am
Obergefreiten vorbei, der den Abschiedsgruß des
Offiziers vor lauter Verwirrung und Enttäu-
schung nicht beantwortet hat.

„He, Signore!", brüllt jemand Biermann an, als
der sich resigniert auf eine Kiste mit Wehrmachtsgut setzt, die vor dem Gefechtsstand mit vielem
anderen Kram zusammen am Straßenrand steht.

„Was machen Sie denn da?", fragt ein Wachtmeister der Feldgendarmerie auf Italienisch.

Biermann erhebt sich müde.

„Ich bin deutscher Soldat und ruhe mich ein
bisschen aus."

Dem Feldgendarmen fallen beinahe die Augen
aus dem Kopf.

„Deutscher Soldat? Sie wollen mich wohl auf
den Arm nehmen, Mann? Kommen Sie mal mit!
Sie wollen sich wohl verdünnisieren, was?"

Zu Biermanns Glück kommt der Feldwebel, der
ihn in der Wachstube festgehalten hatte, hinzu.

Er grinst, als er Biermann in Nöten sieht.

„Der Mann ist echt", beruhigt er den Feldgendarmen.

„Dann soll er sich gefälligst eine Uniform anzie-
hen!", schimpft der Wachtmeister und wendet
sich verärgert ab.

Fahrzeug um Fahrzeug rollt auf der Straße an Biermann und dem Feldwebel vorbei. Stäbe und Kommandostellen strömen nach Norden, fort von Rom, wo vielleicht schon in dieser Stunde die Alliierten kampflos einziehen. Zurück bleiben nur Rechnungsführer, sogenannte Abwickler, von denen keiner weiß, was sie eigentlich abwickeln. Aber sie sind noch da und schreiben dicke Kladden voll, als säßen sie daheim in der Buchhaltung einer Würstchenfabrik.

Und das Sicherungsbataillon ist noch da. Der Feldwebel führt Biermann zum Bataillonskommandeur.

Die Villa, die beide betreten, ist alt und riesengroß. Marmorfußboden, barocker Stuck an den Zimmerdecken, Wandvertäfelung aus Rosenholz und Mahagoni. Kristallene Kronleuchter, vielarmige silberne und goldene Kerzenhalter an den Wänden. Riesige Fenster und Flügeltüren.

Der Bataillonskommandeur, bei dem sie sich beide melden, ist ein Major. Er hat nur ein Auge. Das Gesicht ist verunstaltet. Es sieht aus wie eine einzige schwärende Brandwunde. Er geht ein wenig nach vorne gebeugt, als trage er eine schwere Last auf den Schultern.

„Also Lastwagen brauchen Sie?", fragt er zurück, als Biermann berichtet und die Meldung übergeben hat.

„Jawohl, Herr Major! Wenn wir uns nicht beeilen, dann haben die Partisanen das Lazarett gestürmt!"

Der Major presst die Lippen aufeinander und trommelt nervös mit den Fingern auf die Platte des Schreibtisches, den er ruhelos umwandert.

Draußen wummern irgendwo am blauen Morgenhimmel Flugzeugmotoren. Vor der Villa hält mit quietschenden Bremsen ein Krad.

Der Major bleibt stehen.

„Welch ein Blödsinn! Da schickt man Sie ausgerechnet zu mir. Ich habe einen einzigen Wagen, verdammt noch mal. Einen klapprigen Beute-SIS, umgebaut auf Holzvergaser! Den können Sie haben – und das ist dann auch schon alles!"

Biermann sieht erschrocken zu dem Feldwebel. Der grinst. Er hätte das dem Obergefreiten ja auch gleich sagen können.

Klar, dass das Sicherungsbataillon keine Lkws hat. Gefechtsfahrzeuge, ein paar SPW und dazu ein paar Zugmaschinen für die leichten Infanteriegeschütze.

Eine Sicherungstruppe, die stets am Feind sein muss, braucht keine Lastwagen.

„Aber – im Lazarett liegen über 80 Verwundete, Herr Major!"

„Ich hab es gelesen, Mann! Deshalb kann ich trotzdem nicht zaubern!"

Biermann ballt die Hände zu Fäusten.

„Herrgott noch mal!"

Der Obergefreite vergisst jede Disziplinarvorschrift.

„Hier draußen fahren doch jede Menge Lastwagen rum! Beschlagnahmen Sie doch einfach ein paar davon!"

Der Major nimmt dem Landser den Zornesausbruch nicht übel. Er lächelt sogar. Aber es ist ein freudloses Lächeln.

„Die sind besetzt. Schreibstubenmaterial, Verpflegungslisten, Personalkarteien, Soldbuchhaltung, Akten, Statistiken, Auszeichnungsvorschläge, Tatberichte, Munitionsanforderungen, Gräberkartei, Mannschaftsbestand, Soll- und Iststärke. Das ist schließlich auch wichtig!"

Der Major wendet sich ab und verlässt das Zimmer.

Biermann sieht den Feldwebel an. Der hebt die Schultern.

„Hab ich mir gleich gedacht. Hat gar keinen Zweck. Wo soll das Sicherungsbataillon Lastwagen hernehmen?"

Biermann fühlt, dass er bald die Beherrschung verliert. Er wendet sich zur Tür.

„Verdammt noch mal, ich – und wenn ich draußen auf der Straße selbst Lkws anhalte und den Aktenmist herunterschmeiße. Ich kriege meine Fahrzeuge für die Verwundeten!"

„Mensch, mach bloß keinen Blödsinn", warnt der Feldwebel.

Aber Biermann hat den Raum schon verlassen.

Es sind kaum zehn Minuten vergangen, seit die Partisanen ihren zweiten Rückzug antreten mussten. Da ertönt aus dem dünnen Wäldchen Motorengedröhne und gleich darauf ein vielstimmiges Jubelschreien.

Zwischen den Bäumen ist undeutlich ein Fahrzeug zu sehen.

Ein Panzer scheint es jedoch nicht zu sein. Das Kettengequietsche und die Laufrollen wären deutlich zu hören gewesen.

Leutnant Sanders liegt gerade an einem Straßenbaum, an dessen Fuß hohe Gras- und Unkrautbüschel wuchern, in Deckung.

Vorsichtig hebt er sein Zeiss-Glas.

Er erkennt ein Panzerfahrzeug – einen dreiachsigen Panzerspähwagen. Es scheint ein altes amerikanisches Modell zu sein.

„Natürlich!"

Sanders erkennt den Typen. Er ist ihm auch an der Ostfront begegnet.

Ein Ford BA. Der eckige Kastenaufbau, der direkt über den beiden Hinterachsen auf dem Heck sitzende Drehturm mit der 4,5-cm-Kanone und an der eckigen Frontseite des Turmunterteils rechts und links je ein 7,62-cm-MG.

Dieser Spähwagen ist für einen Infanteristen beinahe ungefährlich – wenn man sich nämlich genau vor ihm aufhält. Die beiden Maschinengewehre sind nicht imstande, über den langen Kastenbug hinweg zu schießen. Sie können nur seitlich nach vorne feuern. Und mit der Kanone schießt man nicht auf Spatzen, auch wenn sie feindliche Uniformen tragen.

Und außerdem ist der tote Winkel für die Kanone, die ja ebenfalls über den eigenen Bug feuern muss, sowieso riesig groß.

Leutnant Sanders weiß nicht, ob er sich über das Erscheinen des Panzerspähwagens freuen soll. Immerhin wäre dies das erste Mal gewesen, dass er das Erscheinen eines gepanzerten Fahrzeuges begrüßt hätte.

Zwar bedeutet der Panzerspäher eine für die Deutschen lebensgefährliche Verstärkung der Partisanen – andererseits heißt das, dass die alliierten Truppen eingetroffen sind. Vielleicht ist damit die Aufgabe von Sanders und seinen Männern erfüllt. Den Amerikanern kann man das Lazarett übergeben. Dann sind die Verwundeten in guter Obhut. Der Spähwagen dreht auf das Lazarett ein, dann bleibt er stehen. Ein Nationalitätsabzeichen kann Sanders nicht erkennen. Er sieht nur noch die gepanzerte Motorhaube und dahinter den konisch geformten Turm mit der auf ihn gerichteten Kanone und den beiden Maschinengewehren links und rechts darunter.

Der Leutnant entschließt sich, den Stabsarzt vom Auftauchen des Panzers zu unterrichten und ihn um seine Meinung zu fragen, ob das Lazarett an die Alliierten übergeben werden soll.

Denn es ist ungewiss, ob der Obergefreite Biermann durchgekommen war und noch ungewisser, ob er Hilfe herbeiholen könne.

Doch in diesem Moment rattert ein MG los.

„Der Panzerspähwagen!"

Die Geschosse jaulen über Sanders hinweg. Ein Ast des Baumes splittert und fällt hinunter.

Dann fahren die 7,62-cm-Geschosse mit einem Geräusch wie Hammerschläge in den Baumstamm und schließlich rechts und links von Sanders in den Grasboden.

Es ist unmöglich, jetzt in das Haus zu gelangen. Hoffentlich hat Feldwebel Koch mit den Reserveleuten im improvisierten Kellergefechtsstand die veränderte Lage mitbekommen und passt von selbst auf.

Nicht ausgeschlossen, dass jetzt die Partisanen auf der Rückseite hinter ihren Barrikaden im Park hervorkommen, um die Deutschen in die Zange zu nehmen, auch wenn das bisher nicht geplant gewesen sein sollte. Die starke Unterstützung durch ein gepanzertes Fahrzeug kann ihnen Mut dazu machen und das bevorstehende Eintreffen der Alliierten sie dazu veranlassen, alles auf eine Karte zu setzen. Denn sie wollen schließlich berichten können, dass sie die Deutschen vernichtet hätten.

Sanders richtet sich vorsichtig auf, um über die Grasbüschel hinwegsehen zu können. Sein Knie schmerzt und zuckt dabei. Schweiß tritt ihm auf die Stirn. Doch er kann mit einem schnellen Blick wahrnehmen, dass einige Partisanen hinter dem Spähwagen in Deckung gehen oder hinter dem Turm auf die Heckschürze aufsteigen.

Einer der Partisanen, der an der Seite auf die Radabdeckung gestiegen war, reißt die Arme hoch, fällt herunter, zuckt mit den Beinen und bleibt schließlich mit seltsam verrenkten Gliedern leblos im Gras liegen.

Sanders sieht gerade noch, dass der Obergefreite Lipschitz in dem Schützenloch, das schräg hinter dem Baum liegt, seinen Kopf unter den Deckungsrand beugt und seinen auf der Erdumwallung liegenden Karabiner nachzieht, um neu zu laden.

Die Amerikaner im Panzerspähwagen scheinen wütend über das Gegenfeuer der Deutschen zu sein. Die beiden MG hämmern nun ununterbrochen. Die Schützen nehmen die Finger nicht mehr vom Abzug.

Plötzlich schreit einer der Landser auf.

Ehe Sanders reagieren kann, springt der Mann aus seinem Loch hoch, hält mit einer Hand seinen Hals umklammert und hastet mit taumelnden Schritten auf das Haus zu.

„Hinlegen!", schreit der Leutnant.

Aber der Verwundete hört nicht, er torkelt weiter. An den Einschlägen in den Büschen und der wandernden Spur im Gras sieht Sanders, dass eine MG-Garbe dem Mann gemächlich folgt.

Es ist wie ein unsichtbarer Wasserstrahl. Die Spur im Gras läuft langsam auf den jetzt schreienden Landser zu und ebenso langsam sackt der Mann zu Boden, als die Spur ihn erreicht hat.

Er knickt in den Knien ein und fällt mit dem Gesicht nach vorn ins Gras. Dann rührt er sich nicht mehr.

„Herr Leutnant!", ruft eine Stimme vom Haupteingang über der Freitreppe her.

Sanders sieht einen Landser hinter dem Türpfosten hervorlugen und heftig mit einem Arm winken.

„Die Partisanen im Park greifen an!"

Erst jetzt hört der Offizier, dass auch in seinem Rücken Gefechtslärm ertönt.

„Holder!", schreit Sanders nach dem Mann, dem er die Maschinenpistole übergeben hatte – die vier Mann der Flankensicherung haben sich längst wieder zurückgezogen.

„Holder, geben Sie mir Feuerschutz, ich muss hinter das Haus!"

„Jawohl!", brüllt Holder von irgendwo in der Nähe zurück.

„Achtung!", ruft Sanders und duckt sich zum Sprung.

„Feuer frei!"

Der Leutnant stößt sich ab, als das Knattern der Mpi erklingt, untermischt von peitschenden Karabinerschüssen. Er versucht zu rennen, aber es wird ein mühsames Springen auf einem Bein daraus. Das rechte Knie will einfach nicht mehr mitmachen.

Die Partisanen aus dem Wäldchen jenseits der Straße schießen nicht. Aber die Spähwagenbesatzung hinter ihren Panzerplatten feuert weiter mit ihren beiden MGs. Links und rechts von Sanders zwitschern die Geschosse vorbei. Doch keines trifft. Der Fahrer des Panzerfahrzeugs kommt glücklicherweise nicht auf die Idee, sein Gefährt etwas zu drehen und so bleibt der Leutnant in dem toten Winkel vor dem Spähwagenbug, in dem kein Maschinengewehr ihn erreichen kann.

Hinter der Hausecke wirft Sanders sich erst einmal zu Boden und schlägt ausgerechnet mit dem verwundeten Knie heftig gegen einen Felsstein. Die Tränen steigen ihm in die Augen und ein lautes Stöhnen lässt sich nicht unterdrücken.

„Geht es noch?"

Der Obergefreite Lipschitz ist plötzlich neben dem Offizier.

Sanders nickt mit schmerzverzerrtem Gesicht und richtet sich wieder auf. Dann sind sie hinter dem Haus. In der Deckung des Goldfischteichs im Park liegt Feldwebel Koch.

Sanders und Lipschitz kriechen zu ihm hin.

Es ist einer großen Anzahl von Partisanen gelungen, über ihre Barrikaden zu klettern. Vermutlich ohne Befehl. Sie haben wahrscheinlich den Lärm der Panzer-MGs gehört und sich entschlossen, die Lage auszunutzen.

Fast wäre es ihnen gelungen. Die wenigen Landser, die im Park liegen, hatten dem Gefechtslärm an der Vorderfront des Lazaretts mehr Beachtung geschenkt als den Barrikaden. Glücklicherweise war Feldwebel Koch wachsam gewesen und hatte mit seinen Reserveleuten eingegriffen.

Aber noch ist die Lage gefährlich.

Der Park und die große Wiese vor ihm ist hügelig und von sanften Bodenwellen durchzogen. Dahinter liegen die Partisanen und kommen näher.

„Avanti!", schreit eine befehlende Stimme hinter den Barrikaden. „Presto avanti!"

Von den Bodenwellen her knallen Gewehrschüsse und zur gleichen Zeit sprengen ein Dutzend Partisanen über die Hindernisse aus Leiterwagen, Kisten und Schränke, um den Angriff zu verstärken.

Sie sind kaum einige Schritte gelaufen, da erheben sich nun auch diejenigen, die bisher von den Deutschen direkt in Deckung gezwungen wurden und stürmen nun ebenfalls wieder los.

„Los!", befiehlt Sanders. „Gezieltes Einzelfeuer auf die vorderste Reihe!"

Die überall auf der Wiese verteilten Landser schießen. Sie liegen hinter Bäumen, hinter dem Springbrunnen, hinter dem erhöhten Weg, der die Parkwiese diagonal durchschneidet, hinter steinernen Ruhebänken, hinter vereinzelten Büschen.

Einige der ersten Partisanen stürzen getroffen zu Boden, andere werfen sich von selbst hin. Sie haben keine Zeit mehr, sich erst nach einer Deckung umzusehen.

Als die eben über die Barrikaden gekletterten Partisanen ihre Kameraden nicht mehr stürmen sehen und nun selbst auch Schüsse abbekommen, werfen auch sie sich hin und suchen Deckung.

Sanders erkennt die Chance, die sich ihnen damit bietet.

„Los, hoch!", schreit er.

„Auf, Männer! Raus aus der Deckung und angreifen!"

Die Landser begreifen nicht sofort. Sie sehen den Leutnant und Lipschitz aufrecht stehen und schießen.

Dann ruft der Offizier den Befehl, der jedem Landser noch von der Ausbildung her im Ohr und in den Knochen steckt: „Sprung auf, marsch, marsch!"

Da erheben sich zögernd die ersten, die anderen folgen nach und nach.

Sanders hebt seinen Karabiner und humpelt und springt vorwärts.

Irgendwo rechts von ihm ruft einer zaghaft: „Hurraaaa!"

Andere fallen mit ein und schon stürmen die Landser vorwärts. Das Hurra klingt plötzlich kräftig und siegessicher.

Keiner achtet auf die Schüsse, die von den im Gras liegenden Partisanen auf die anstürmenden Deutschen abgegeben werden.

Die Landser schießen im Laufen, ohne dass jemand den Befehl dazu gegeben hat. Sie alle fühlen instinktiv, dass das richtig ist. Ganz gleich, ob sie treffen oder nicht – die Hauptsache ist, es knallt.

Das Feuer soll vor allem den Gegner demoralisieren.

Doch die Partisanen geben nicht so schnell auf. Nur ein junger Bursche springt auf, dreht sich schnell um und versucht zu entkommen. Kurz vor der Barrikade bricht er getroffen zusammen.

Zwei andere richten sich auf und werfen Handgranaten.

Ehe die Landser im Vorwärtsstürmen die Gefahr erkennen, laufen die ersten direkt in die Wurfgeschosse hinein.

In der schmetternden Doppelexplosion bleiben drei oder vier Landser mit zerrissenen Gliedern liegen.

Sanders ist nur noch wenige Meter von den ersten Partisanen entfernt. Im Laufen lädt er den Karabiner wieder, holt den Kammerstengel zurück, um das Schloss zu spannen – da muss er auch schon schießen, um sein Leben zu retten. Ein schnauzbärtiger Partisane hat sein Gewehr auf ihn gerichtet. Doch der Schuss aus Sanders Karabiner fällt eher.

Hinter dem Leutnant hastet der Obergefreite Lipschitz keuchend und beinahe blind, da der Schweiß seine Brille beschlagen lässt, heran.

„Achtung!", schreit Sanders.

Eine Handgranate torkelt über ihn hinweg. Sie krepiert genau zwischen ihm und Lipschitz.

Sanders hat sich hingeworfen. Er sieht, wie der Partisane, der die Handgranate warf, sich zur Flucht wendet. Aber er läuft nach links, statt geradeaus zur Barrikade. Links verläuft der Eisenzaun, der hier die seitliche Begrenzung des Lazarettgeländes bildet. Als der Leutnant sich wieder erhebt, sieht er den Partisanen am Zaun hängen, sich im Klimmzug hochziehen und das rechte Bein über die stählernen Spitzen schieben. In dieser Stellung bleibt er zappelnd hängen. Ärmel und Hosenbein haben sich an den Zaunspitzen verfangen.

„Wie ein Frosch zappelt er", denkt sich Sanders.

Dann hebt er den Karabiner, zielt und drückt ab.

Der Italiener macht eine heftige Bewegung, sein Oberkörper fällt nach unten, das rechte Bein bleibt noch eine Sekunde hängen. Dann liegt der Mann im Gras. Aber er steht sofort wieder auf und hebt die Hände hoch.

Sanders winkt ihm zu und deutet nach hinten.

„Ritonato alle hospital, presto!"

Der Italiener hat verstanden und humpelt an Sanders vorbei in Richtung Lazarettgebäude. Der Schuss des Offiziers hatte ihn in den linken Oberschenkel getroffen.

Die Partisanen flüchten nun alle, soweit sie nicht verwundet sind.

Das Gros hat sich schon hinter die Barrikaden zurückgezogen. Jetzt sind es die Deutschen, die deckungslos gegen einen gutgeschützten Feind vorgehen.

Sanders ist versucht, den Rückzug zu befehlen. Dann fällt ihm etwas ein. Er sieht zu Feldwebel Koch hinüber, der schon etwas weiter als er an der Barrikade ist.

„Stimmt ja! Koch und seine Leute haben ja die Handgranaten aus dem Kellergefechtsstand bei sich!"

„Koch!", ruft der Offizier.

„Schmeißt eure Handgranaten in die Barrikaden! Schnell!"

Schon knallen aus dem Gerümpel wieder Schüsse. Die überlebenden Partisanen sind dabei, sich wieder zur Verteidigung einzurichten.

Doch die Deutschen sind jetzt so nahe heran, dass ihnen gar nichts anderes mehr übrig bleibt, als die Barrikaden zu stürmen. Eine Umkehr wäre in dieser Situation glatter Selbstmord. Die Partisanen würden sie wie die Hasen bei einer Treibjagd in aller Seelenruhe abschießen.

Da detonieren schon drei, vier Handgranaten mitten in dem Gewirr von Holz und Draht. Die stürmenden Landser werfen sich hastig zu Boden. Feldwebel Koch und ein anderer aber laufen weiter.

Der Landser neben Koch schleudert im Laufen eine Handgranate, dann trifft ihn ein wirbelndes Holzstück vor die Stirn und er bricht zusammen.

Koch bleibt stehen und wirft ebenfalls mit weitem Schwung.

Während die von der ersten Handgranatenserie hoch geschleuderten Barrikadentrümmer zur Erde nieder regnen, platzen die beiden anderen Sprengkörper weiter hinten, zwischen den Partisanen, die sich eben zur Flucht in den Park bereit gemacht haben.

Die ersten Landser klettern über das Trümmergewirr. Es fallen keine Schüsse mehr. Nun sind auch die Schmerzensschreie der Verwundeten zu hören – der Deutschen und der Italiener.

Weiter hinten im Park sieht man zwischen Hecken und Büschen Gestalten laufen, aber keiner der Landser schießt nach ihnen. Der Kampf hier ist zu Ende.

Zum ersten Mal, seit er seine Stellung hinter dem Baum an der Straßenseite verlassen hat, wendet sich Leutnant Sanders um.

„Wo ist denn Lipschitz geblieben?"

Der Landser starrt den Offizier verständnislos an. Sanders hat in diesem Moment vergessen, dass er einen zusammengewürfelten Haufen befehligt, von denen die meisten keinen der anderen Kameraden kennen.

„Haben Sie Lipschitz gesehen?"

Auch der zweite Landser hebt bedauernd die Schultern.

„Keine Ahnung, Herr Leutnant!"

Sanders nimmt die Mütze mit der längst schmutzig gewordenen Silberkordel ab und fährt sich müde über die Stirn. Dann ruft er nach Feldwebel Koch.

„Lassen Sie die Gefangenen in das Lazarett bringen, in einen der Kellerräume. Aber erst, nachdem unsere Verwundeten abtransportiert sind. Solange können zwei oder drei Mann die Gefangenen hier in Schach halten. Nach unseren Verwundeten kommen die verwundeten Partisanen dran. Der Stabsarzt soll entscheiden, ob er sie in den Krankenzimmern mit versorgen kann. Wahrscheinlich nur die schwersten Fälle. Die Leichtverwundeten kommen mit den anderen Gefangenen in den Keller. Aber wie gesagt – das soll der Arzt entscheiden. Und lassen Sie zwei Mann zur Beobachtung auf der Barrikade zurück."

Koch nickt.

„In Ordnung. Ich gehe wieder nach vorn."

Der Park ist jetzt mit blendendem Sonnenlicht erfüllt. Brütende Hitze lastet über der ganzen Landschaft. An der Vorderseite des Lazarettgebäudes klingen vereinzelte Schüsse auf.

Sanders beeilt sich nicht. Den Schüssen nach ist das nur das übliche Geplänkel. Ein feindlicher Angriff ist also nicht erfolgt. Außerdem ist dort vorn Unteroffizier Kramer, der die Männer bestimmt in der Hand hat.

Plötzlich bleibt Sanders stehen, als wäre er gegen eine unsichtbare Mauer gelaufen. Keine zwei Meter vor ihm liegt Lipschitz, den Karabiner fest mit der rechten Hand umklammert. Der Boden unmit-

telbar vor ihm ist aufgerissen und brandge-
schwärzt.

Hier war die Handgranate detoniert, die Sanders
über sich hinwegtorkeln sah. Der junge Partisane
hatte sie geworfen, den Sanders am Zaun ange-
schossen hatte, der nun im Lazarett versorgt wird
und für immer in Sicherheit ist.

Der Obergefreite Lipschitz aber liegt hier. Sanders kniet neben ihm nieder, dreht den reglosen
Körper zur Seite. Der Waffenrock ist auf der
Brustseite von Dutzenden Splittern zerrissen, aus
denen Blut quillt. Es ist geradezu grotesk – aber
der Obergefreite trägt noch seine runde Stahlbrille. Sie ist noch ganz und die Gläser sind noch immer beschlagen.

Aber es gibt keinen Zweifel – Lipschitz ist tot.
Ein Handgranatensplitter ist ihm genau in das
Herz gefahren. Sanders öffnet den Waffenrock. Er
bricht die halbe Erkennungsmarke ab und sucht
dann nach der Brieftasche.

Sie hat genau in der Mitte ein gezacktes Loch
und ist mit Blut beschmiert.

Fotografien, Briefe, das Soldbuch, einige Papiere,
alles durchlöchert und blutverschmiert.

Gedankenverloren sieht der Leutnant auf das
eine Papier, von dem er nur die obere Hälfte lesen
kann.

Universitas literarum lipsiensis – Universität
Leipzig

Eine Habilitationsurkunde, ausgestellt auf den
Namen Dr. rer. pol. et phil. habil. Werner Lipschitz.

Sanders erhebt sich, die Brieftasche in der Hand.
Ihm fällt sein Gespräch mit dem Obergefreiten
ein, der sich nun nach seinem Tod als Universi-
tätsdozent entpuppt.

Wie hatte Lipschitz in dem feuchtschmutzigen Schützenloch gesagt, als der Leutnant und Student Sanders ihn gefragt hatte, woher er all die Lieder und Dichter kenne?

„… mein eigentlicher Beruf. Zuletzt war ich allerdings kaufmännischer Angestellter…"

Hans Sanders hat sich vorhin noch über den errungenen Sieg gefreut. Doch als er jetzt an der Wand des Hauses entlanggeht, ist jede Freude in ihm gestorben.

Biermann wendet sich zur Straße.

Er ist unschlüssig, ob er es wirklich wagen kann, einfach den nächsten Lkw anzuhalten.

Schließlich ist er noch immer in Zivil gekleidet.

Selbst ein sonst einsichtiger Wehrmachtsbürokrat wird sich beim Anblick von Biermanns Räubergestalt nur an die Stirn tippen – bestenfalls. Es könnte auch schlimmer kommen.

„Da sind Sie ja noch, Sie wild gewordener Waldesel!", tönt eine ärgerliche Stimme.

„Wer hat Ihnen gesagt, dass Sie sich davonmachen sollen? Und ohne sich abzumelden!"

Verdutzt fährt Biermann herum. Der Kommandeur des Sicherungsbataillons steht in der Tür der Villa. Er sieht zornig aus. Unwillkürlich nimmt Biermann Haltung an. Der Major schüttelt den Kopf.

„Glauben Sie denn, ich lasse Verwundete im Stich? Für diese Beleidigung würde ich Sie am liebsten einsperren! Ich habe Ihnen gesagt, dass ich selbst nur einen alten SIS-Holzgaser habe und ich habe Ihnen weiter gesagt, dass wir nicht einfach auf der Straße einen Lkw mit Wehrmachtsgut anhalten können. Aber habe ich vielleicht was davon gesagt, dass ich nicht einmal versuchen will, Ihnen zu helfen?"

„Nein, Herr Major!", brüllt Biermann zackig zurück und spürt dabei, wie ihm ein Stein vom Herzen fällt, ein ganzer Felsbrocken. „Ich bitte um Entschuldigung, Herr Major. Und vielen Dank, Herr Major!"

Der Bataillonskommandeur schüttelt schon wieder missbilligend den Kopf.

„Menschenskind, der Kerl fällt wahrhaftig von einem Extrem ins andere. Sagen Sie doch um Himmelswillen noch nicht Danke. Noch habe ich ja keine Lastwagen für Sie, nur die Hoffnung.

Gehen Sie mit Feldwebel Schneidereit zur Instandsetzungskompanie der Division. Die Werkstätten liegen außerhalb des Ortes. Schneidereit weiß Bescheid. Da sind einige Lastkraftwagen zur Reparatur. Ich habe eben dort angerufen. Aber beeilen Sie sich, die sind schon dabei, sich zu verkrümeln!"

Das Dauerfeuer betäubt die Landser fast. Die MG-Schützen in dem Ford-Spähwagen nehmen die Finger kaum noch vom Abzug. Wenn der eine den 250-Schuss-Gurt seines M2-Browning-MG wechseln muss, dann schießt der andere immer noch, so dass die Feuerfolge nie unterbrochen wird.

Der Panzerkommandant hat inzwischen seine Taktik geändert. Der Wagen stößt vor und zurück, dabei stets um einige Grad nach links oder rechts schwenkend, um keinen toten Winkel mehr zu lassen.

Die 4,5-cm-Kampfwagenkanone hat bisher erst zwei Granaten abgefeuert. Diese waren beinahe wirkungslos in dem feuchten Boden des Straßengrabens eingeschlagen.

Dennoch wäre es den Partisanen mit Hilfe des Spähwagens ein Leichtes, das Tor zu stürmen und in das Lazarettgebäude einzudringen.

„Herr Leutnant!", schallt es nun zu Sanders hinüber.

Doch es ist in der momentanen Situation unmöglich, die Deckung zu verlassen.

Plötzlich stellt der Spähwagen das Feuer ein und fährt weiter in den Wald hinein.

„Hat er sich verschossen? Hat er andere Befehle bekommen?", überlegt Sanders.

„Herr Leutnant!", erschallt es wieder.

Nun zieht sich Sanders vorsichtig aus dem Loch und robbt durch das Gras. Im Straßengraben bleibt er einen Augenblick liegen, um danach zum Gebäude zu eilen.

Unterwegs nimmt er wahr, dass Unteroffizier Kramer am Rand eines Deckungsloches liegt. Ein Kamerad kümmert sich gerade um ihn, aber es sieht nicht gut aus.

Doktor Mertens empfängt Sanders mit etwas Zuversicht in den Augen.

„Hier", stellt er kurz vor, „das ist Oberleutnant Moldenmann, eigentlich Patient, sonst Tiger-Kommandant. Er hat eine Idee, die er selbst für gut hält. Hören Sie es sich mal an."

Die beiden Offizier betrachten sich kurz gegenseitig.

Sie sind sich beide auf den ersten Blick sympathisch. Moldenmann steckt in einem Bademantel, den ihm einer der Ärzte gegeben hat.

Er erklärt dem Leutnant, dass es mit etwas Geschick einem kleinen Spähtrupp durchaus gelingen kann, den Panzerspähwagen zu erobern.

„Uns kann der Spähwagen nicht viel anhaben, da wir gut verschanzt sind. Doch den paar Polen und den Partisanen wird es anders zu Mute sein, wenn wir damit energisch in ihre Reihen fahren."

Leutnant Sanders rümpft zweifelnd die Nase.

„Alles schön und gut, aber das Ding erstmal haben, das ist die Herausforderung!"

Moldenmann erläutert seinen Plan.

„Seitlich vom Lazarett ist doch freies Feld. Da steckt kein Partisan. Drei, vier entschlossene Leute überqueren das Feld in der Dunkelheit, umgehen das Pinienwäldchen und schleichen sich von hinten an den Panzer ran. Dann müssen sie halt je nach Situation handeln!"

Der Plan funktioniert.

Zusammen mit Feldwebel Koch und den Erfahrenen Holder und Kowalski gelingt es Oberleutnant Moldenmann tatsächlich, den Spähwagen zu entern.

Noch ehe die restlichen Partisanen bemerken, was vor sich geht, setzt sich der Spähwagen mit scheppernden MGs und brüllender KwK in Bewegung. Nur vereinzelt können die Partisanen dem entführten Fahrzeug Schüsse nachjagen, die jedoch unwirksam an der Panzerung abprallen.

Die vier Männer mit ihrem Beutefahrzeug haben das eiserne Tor gerade glücklich passiert, da bricht in dem kleinen Wäldchen die Hölle los.

Kein Zweifel, das Wäldchen wird mit Granaten und MGs beschossen.

Moldenmann, der bereits ausgestiegen war und nun neben Sanders in einem Deckungsloch liegt, flucht: „Verdammt, ausgerechnet jetzt, da wir es geschafft haben, trifft die alliierte Hauptstreitmacht ein! Zum Kotzen!"

Das Dröhnen von schweren Lkw Motoren und das Rasseln schwerer Panzerketten ist zu hören.

„Feindliche Panzer!", meint der Oberleutnant lakonisch.

„Gegen die können wir nichts ausrichten. Wir sind artilleristisch unterlegen und auch das Lazarett würde unweigerlich in Mitleidenschaft gezogen werden."

Sanders nickt zustimmend.

„Immerhin können wir das Lazarett den Alliierten übergeben – Ziel erreicht."

Eine Rot-Kreuz-Fahne weht auf dem hohen schmiedeeisernen Tor. In der Dunkelheit ist sie allerdings kaum zu erkennen.

Oberleutnant Moldenmann, Leutnant Sanders, Stabsarzt Doktor Mertens und Feldwebel Koch stehen auf der großen Freitreppe und sehen die ersten Schatten eines Panzers heranrollen. Sanders und der Stabsarzt gehen zögernd die Treppe hinunter und zum Tor.

Der Panzer hält genau zwischen den beiden Torpfosten.

Doktor Mertens winkt als Zeichen der Übergabe mit einem weißen Kopfkissenbezug.

Gegen den Himmel sehen die beiden, wie sich das Turmluk öffnet, während auf dem Weg das Geräusch anderer Panzer und Lastkraftwagen immer näher kommt.

Ein Mann entsteigt dem Panzerturm, schwingt sich über die Bugplatte zum Boden hinunter und kommt auf die beiden Deutschen zu.

Leutnant Sanders hebt die Hand zur Schirmmütze, um den feindlichen Panzerkommandanten zu begrüßen.

Der Mann im Dunkeln vor ihm hebt ebenfalls salutierend die Hand.

Dann meint er mit vertrauter Stimme: „Obergefreiter Biermann meldet sich zurück. Befehl aus-
geführt!"


Ende

# Ihre Zufriedenheit ist unser Ziel!

Liebe Leser, liebe Leserinnen,

hat Ihnen unser Buch gefallen? Haben Sie Anmerkungen für uns? Kritik? Bitte zögern Sie nicht, uns zu schreiben. Wir werden jede Nachricht persönlich lesen und beantworten.

Schreiben Sie uns: info@ek2-publishing.com

Wussten Sie schon, dass Sie uns dabei unterstützen können, deutsche Militärliteratur sichtbarer zu machen? Bitte nehmen Sie sich einen Moment Zeit und bewerten Sie dieses Buch online. Viele positive Rezensionen führen dazu, dass das Buch mehr Menschen angezeigt wird.

Sie können somit mit wenigen Minuten Zeitaufwand unserem kleinen Familienunternehmen einen großen Gefallen tun. Vielen Dank für Ihre Unterstützung!

PS: In seltenen Fällen kommt ein Buch beschädigt beim Kunden an. Bitte zögern Sie in diesem Fall nicht, uns zu kontaktieren. Selbstverständlich ersetzen wir Ihnen das Buch kostenlos.

Landser im Weltkrieg – „**Wolfsrudel**" erscheint im Monat Juli als E-Book und Taschenbuch überall, wo es Bücher gibt!

**Anfang März 1942**

**Kriegshafen Brest, besetzter Teil Frankreichs**

Kapitänleutnant Hans-Jörg Wegener blies die Wangen auf.

»Da hat sich der Flottillenchef aber äußerst fein niedergelassen.«

»Würde ich auch sagen, Herr Kaleu«, stimmte ihm Oberleutnant Wolfgang Engelmann zu. Der IWO und sein Kommandant waren zum Chef der Flottille befohlen worden, der mit seinem Stab eine edel eingerichtete Villa oberhalb des Hafens bezogen hatte. Sollte die luxuriöse Einrichtung der Villa ihre Besucher beeindrucken, so verfehlte sie ihre Wirkung bei den U-Bootleuten.

Die empfanden diese pompöse Zurschaustellung von Luxus nach einer sechs Wochen dauernden Fahrt in ihrer engen Eisenröhre, umgeben vom penetranten Dieselgeruch und den Ausdünstungen der Männer, und auf Schritt und Tritt verfolgt vom lauernden Tod, geradezu als obszön.

»Leben wie Gott in Frankreich, IWO«, sagte der Kaleu mit leichter Verbitterung.

»Die scheinen das hier wahrlich als Lebensmaxime verinnerlicht zu haben.«

»Ist ja auch nicht weiter schwer, wenn man wie der Flottillenchef sicher auf einem Druckposten an Land sitzt«, hieb Engelmann prompt in die gleiche Kerbe. »Wir in unserer Stahlröhre hingegen…«

# Landser im Weltkrieg
## kaufen!

97

**Direkt zur Serie:**

# Keine Neuerscheinung verpassen und gratis E-Book sichern!

Tragen Sie sich in den Newsletter von EK-2 Militär ein, um über aktuelle Angebote und Neuerscheinungen informiert zu werden und an exklusiven Leser-Aktionen teilzunehmen.

Als besonderes Dankeschön erhalten Sie kostenlos das E-Book »Die Weltenkrieg Saga« von Tom Zola. Enthalten sind alle drei Teile der Trilogie.

**Link zum Newsletter:**
https://ek2-publishing.aweb.page

**Über unsere Homepage:**
www.ek2-publishing.com

# Lernen Sie den neusten Kracher aus dem Hause EK-2-Militär kennen!

**Wandeln Sie auf den Spuren des berühmten wie berüchtigten Apachen-Kriegers Geronimo und lassen Sie sich von seiner wechselvollen Lebensgeschichte voller Höhen und Tiefen, Siege und Niederlagen inmitten der Indianerkriege mitreißen.**

Eine Veröffentlichung der EK-2 Publishing GmbH

Friedensstraße 12

47228 Duisburg

Registergericht: Duisburg

Handelsregisternummer: HRB 30321

Geschäftsführerin: Monika Münstermann

E-Mail: info@ek2-publishing.com

Homepage: www.ek2-publishing.com

Alle Rechte vorbehalten

Cover/Umschlag: Kayla Pelgrim

Autor: Hermann Weinhauer

Lektorat:MArtina Wehr

Buchsatz: Heiko Piller

1. Auflage Juni 2024

Druckhinweis:

Libri Plureos GmbH